高校秘书学专业系列教材　总主编◎杨剑宇

秘书礼仪

主　编◎杨剑宇

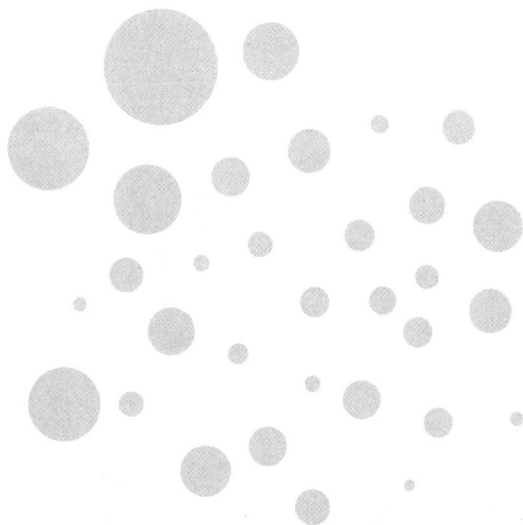

华东师范大学出版社

·上海·

图书在版编目(CIP)数据

秘书礼仪/杨剑宇主编. —上海:华东师范大学出版社,
2014.11

高校秘书学专业系列教材

ISBN 978 - 7 - 5675 - 2804 - 8

Ⅰ.①秘… Ⅱ.①杨… Ⅲ.①秘书-礼仪-高等学校-
教材 Ⅳ.①C931.46

中国版本图书馆 CIP 数据核字(2014)第 277833 号

秘书礼仪

主　　编　杨剑宇
项目编辑　范耀华
审读编辑　李玮慧
责任校对　胡　静
装帧设计　卢晓红

出版发行　华东师范大学出版社
社　　址　上海市中山北路 3663 号　邮编 200062
网　　址　www.ecnupress.com.cn
电　　话　021 - 60821666　行政传真 021 - 62572105
客服电话　021 - 62865537　门市(邮购)电话 021 - 62869887
地　　址　上海市中山北路 3663 号华东师范大学校内先锋路口
网　　店　http://hdsdcbs.tmall.com

印 刷 者　常熟市文化印刷有限公司
开　　本　787×1092　16 开
印　　张　7.5
字　　数　142 千字
版　　次　2015 年 9 月第 1 版
印　　次　2022 年 1 月第 6 次
书　　号　ISBN 978 - 7 - 5675 - 2804 - 8/G · 7761
定　　价　18.00 元

出 版 人　王　焰

(如发现本版图书有印订质量问题,请寄回本社客服中心调换或电话 021 - 62865537 联系)

高校秘书学专业系列教材
编委会

总主编　杨剑宇

编　委　杨剑宇　钱明霞　杨　戎

　　　　黄存勋　郝全梅　郑健儿

　　　　何宝梅　李玉梅　朱欣文

秘书学专业已于2012年正式被列入教育部本科专业目录。我们努力了30余年,终于使学科正式跻身于高等教育本科专业之林,这是学科发展史上里程碑式的跨越,是学科正规化大发展的起步。秘书学科的春天真正来临了!

教材建设成为专业建设的首要任务之一。近年来,全国多家出版社纷纷组织编写秘书学专业系列教材,呈现出百家争鸣、百花齐放的势头,这是专业兴盛的表现;同时,通过竞争,教材也能越编越好。

回顾30余年来,秘书学专业的教材大致经历了两代。

第一代教材产生于20世纪80年代前期,名称有《秘书学概论》、《秘书工作》、《秘书学和秘书工作》、《秘书学》等等。各书的内容一般分三部分:首先是对秘书工作粗浅简单的经验总结;然后,大部分篇幅是文书工作程序介绍和法定行政公文的介绍及写法;最后,再加些秘书工作、档案工作等法规的附录。对这一代教材,宽容者称之为集专业教材、学术著作、工作手册三位一体的连体。批评者斥其难以用作教材,不成工作手册,更远非学术著作,属生硬拼凑、不伦不类的三不像和大杂烩。客观而论,与文史哲等成熟的学科相比,这一代教材确实粗糙、幼稚、难登大学殿堂。然而,任何学科总是从低级到高级,从幼稚逐步到成熟的,因此,其开拓、铺路之功不可抹杀。

第二代教材产生于21世纪初,以全国统编秘书专业自考教材为代表作。其主要标志是将秘书学专业的内容分解为"论"、"史"、"应用"三部分,出现了《秘书学概论》、《中国秘书史》、《秘书实务》、《文书学》、《档案学》、《秘书写作》、《公共关系学》等课程教材。这些课程教材既有相对独立的内容和理论框架,又彼此联系,初步形成了学科体系。但是,这一代教材一定程度上存在着基本概念含混、学科界限不清、研究对象欠明、体系不够完整等不足之处。

近年来组织编写的一系列教材,总结了30余年来的经验,是为第三代教材。本系列教材就是试图弥补第二代教材的缺陷,希望成为第三代教材中的集大成者。为此,我们要求各册达到基本概念明确、研究对象明确、课程界限明确、体系基本完整的要求。

本系列教材具有专、全、新的特点:

专——秘书学已成为独立的本科专业,其系列教材应当具有明显的专业性,即:

第一,每册教材都有各自专门的基本概念、研究对象、课程界限、基本体系。而不再是既夹有"史",又有所谓"论",还有文书写作、实务等等于一书的三不像和大杂烩,也不能是相互混淆、重叠的复制品。

第二,本系列教材全部由长期从事该课程教学、研究的具有高级职称的专业教师对口主编,凝聚了他们十多年或者几十年的教学经验和研究成果。例如,我们邀请四川大学知名文书学专家杨戎教授、知名档案学专家黄存勋教授主编《文书处理和档案管理》，邀请山西省写作学会会长、山西大学郝全梅教授主编《秘书应用写作》，邀请从事秘书专业管理学课程教学近二十年的常州工学院人文学院院长钱明霞教授主编《管理学原理》，等等，以此保证本系列教材的专业性和高质量。

全——我们同时着手编撰秘书学专业系列教材和涉外秘书专业系列教材，这两个系列的教材，可相互交叉使用。这是至今最全的秘书学本科专业系列教材。

秘书学专业的主干课程，经学界在哈尔滨、杭州、厦门等召开的几次全国研讨会上反复讨论，认为应以七门课程为核心课程，在此基础上编写教材，即《秘书学导论》、《中国秘书史》、《秘书实务》、《秘书应用写作》、《秘书公关原理与实务》、《文书处理与档案管理》和《管理学原理》。本系列教材除此七册外，还包括了专业主要课程《秘书心理学》、《秘书实训》等。

鉴于涉外秘书专业与秘书学专业有明显区别，我们策划、组织一批长期从事涉外秘书课程教学的专家编写了涉外秘书专业系列教材，共七册，包括《涉外秘书导论》、《涉外秘书实务》、《涉外秘书英语综合》、《涉外秘书英语阅读》、《涉外秘书英语写作》、《涉外秘书英语听说》和《涉外商务单证》。

新——各册尽可能增加新内容、新观点，选用新案例、新数据、新材料。同时，文风和版面适应新时代大学生的需求，力求新鲜活泼，一改秘书专业教材严肃、刻板的面貌。

参与这两套系列教材编写的专业教师，多达几十人，来自各高等院校，北到哈尔滨、南到湛江、东起上海、西到广西，遍布全国，是一次学界的大兵团作战。我们希望将教材编写得尽可能好些，能成为受大家欢迎的教材，我们也为此付出了不少努力。但是，由于秘书学专业尚是发展中的新专业，还在摸索探讨中行进，也由于参编人员能力有限，所以，书中不足之处难免，还望学界同仁批评指正，不吝赐教。

总主编：杨剑宇

2012 年 12 月于上海

目　录

第一章 秘书礼仪概述

礼仪是一种世界性的文化现象,世界各国都非常重视礼仪。礼仪作为社会文明的产物,是随着社会的发展和进步逐渐形成的,它的发展体现着人类不断摆脱愚昧、落后,走向进步与文明的历程。在我国历史上,礼仪始终扮演着十分重要的角色,参与"修身、齐家、治国、平天下"的宏图伟业,与社会的政治、经济以及文化生活有机地融合在一起。当今社会,礼仪作为日常生活的基本行为准则,是调节人际关系的重要手段,也是人们高层次的生活追求。随着改革开放的深入,掌握丰富的礼仪知识,躬身践行,是社会交往的需要。礼仪体现在生活细节之中,细节展示素养、塑造形象。所以,秘书应当了解礼仪理论,尽可能全面、系统、熟练地掌握现代礼仪的基础知识,以便于工作。

第一节 礼仪的内涵与起源

一、礼仪的内涵

(一) 礼仪的涵义

"礼仪"是"礼"和"仪"的合成词。这两个词最早在我国表示两个不尽相同的概念。在古代典籍中,"礼"主要有三层意思:一是政治制度,二是礼貌,三是礼物。"仪"也有三层意思:一是指容貌和外表,二是指仪式和礼节,三是指准则和法度。而将"礼"和"仪"连用,则始于《诗经·小雅·楚茨》:"为宾为客,献酬交错,礼仪卒度。"礼的含义比较丰富,其跨度和差异也比较大,既有古今意义的区别,又有广义和狭义的区别。礼的最初含义是指为表示敬神或隆重而举行的仪式,后来逐步引申为表示敬意的通称。它既可指为表示敬意或隆重而举行的仪式,也可泛指社会交往中的礼貌,还可特指奴隶社会或封建社会中贵族等级制的社会规范和道德规范。由此可见,最初的礼的形成是人们自觉自发的行为,礼是约定俗成的通过相互之间行为的约束来调节关系的行为规范,而不是强迫执行的规章制度。在现代社会,礼仪是指人们在日常生活和社会交往中所形成的互相之间表示友好、尊重并展示文明的行为规范与准则。

在欧洲,"礼仪"一词最早见于法语的"etiquette",原意是"法庭上的通行证"。它上面记载着进入法庭应该遵守的事项,不过不是当庭宣读,而是写在或印在一张长方形的"etiquette",即通行证上,发给进入法庭的每一个人。当"etiquette"一词被译为英文后,它的含义便成为"人际交往的通行证"。后来,经过不断的演变和发展,"礼仪"一词的含义逐渐变得明确起来,今天我们将礼仪理解为在社会交往中形成并得到共同认可的、以一定的程序方式表现出来的一系列律己敬人的行为规范。

(二) 礼仪的基本内涵

从以上对"礼仪"涵义的分析来看,可以总结出它有以下三个方面的基本内涵。

1. 礼仪是一种行为规范或行为模式

所谓行为规范就是人们的行为标准,行为模式是人们行动的惯用形式。礼仪这种行为规范或行为模式是社会共同认知的,是人们共同践行的,它以自觉遵守为前提,本身不具有强制性。但是,我们必须认识到它在人际交往中对人们有制约作用。例如,见面要主动问候、握手,临走时要自觉地说声"再见",这是人们在交往中习以为常的行为规范。没有人强制要求这样做,可是不这样做就会被人认为没有礼貌。

2. 礼仪是社会共同认可的、人们共同遵守的行为方式

在社会实践中,礼仪往往首先表现为一些不成文的规矩、习惯,然后才逐渐上升为大家认可的,可以用语言、文字、动作进行准确描述和规定的行为准则,并成为社会共识,成为人们有章可循、可以自觉学习和遵守的行为规范。礼仪渗透于社会的各种关系之中,只要有人和人的关系存在,就有作为人的行为准则和规范的礼仪存在。

3. 礼仪是人们文明交往的必要条件

礼仪是人们待人接物时必须遵守的行为规范。这种规范不仅约束着人们在交际场合的言谈举止,也是人们在交际场合必须采用的一种"通用语言",是衡量他人以及判断自己是否自律、敬人的一种尺度。因而,礼仪的存在是合乎人际关系调节需要的,有利于规范人们的行为,创造文明的交往环境。礼仪伴随着人类的产生而产生,并随着人类社会的发展而不断地发展,在人类进入文明社会的过程中起了很重要的促进作用。

(三) 礼貌、礼节、礼仪的联系与区别

在学习和应用礼仪时,不可避免地涉及"礼貌"和"礼节",它们之间既有密切的联系,又有一定的区别。

1. 礼貌侧重于表现人的品质和素质

礼貌通常分为礼貌行为和礼貌语言。在公共汽车上给老人让座可以说是表示敬意,但是如果给小孩让座,乃至给病人、孕妇让座,就不能用"敬意"解释了,而是社会公德意识和个人道德修养的良好体现。对于这样的行为,人们的评价就是"这个人真懂礼貌",这里的"礼貌"就意味着遵守和维护某种社会规范和道德规范的活动与行为。礼貌语言是文明程度的体现,例如,国家倡导

使用的"礼貌十个字"——"您好"、"请"、"谢谢"、"对不起"、"再见",就是人们在社会中普遍使用的礼貌语言。礼貌语言的使用使人显得谦恭、有教养。

2. 礼节是人们在社交场合表示尊重友好的惯用形式

礼节是礼貌外化的具体表现形式,礼貌注重的是人的内在品质和素质,而礼节注重的是表现形式。例如,与美国人打交道问好时,可以用一个热情的拥抱表示对对方的尊重,向法国人问好后,则可以行亲吻礼等,这些都是表示尊重友好的惯用形式,都是礼节。在礼节方面,中国和其他国家又有差异,与中国人打招呼后,可以适时地自我介绍、握手或交换名片,留下联系方式,不需要拥抱和亲吻。因此,使用礼节时也应该注意其区域性、民族性的特点。

3. 礼仪是在人际交往中表现律己敬人的程序和方式

礼仪是礼貌、礼节的统称,既包括文明的修养,又包括必要的规范形式,主要表现为律己敬人。律己即对自我的要求,是礼仪的基础和出发点。学习、应用礼仪最重要的是要自我要求、自我约束、自我控制,这就是自律的体现。敬人就是要求在交往的过程中,与交往对象既要互谦互让,互尊互重,友好相待,更要将对交往对象的重视、恭敬放在第一位。无论律己还是敬人,都要通过一定的方式表现。同时,礼仪又是有章可循的,例如,与人交往通常要经过介绍、称呼、握手、交谈和交换名片等过程,这些过程必须遵循一定的程序,从而建立联系,展开交流。

从涵义上可以看出,礼仪主要是应用于人际交往,也就是说没有人与人之间的相互关系和交往,就没有礼仪可言。所以,只要人的生命存在,人就需要和别人打交道,就需要礼仪。虽然礼仪不具有强制性,但它本身与人们的生活和工作有着紧密的联系,对人们的行为有外在的约束作用。如果不注意礼仪,就显得不懂礼貌,就会与社会文明格格不入。

二、礼仪的起源

中国是人类文明的发祥地之一。礼仪作为中华民族文化的基础,有着悠久的历史。礼仪究竟于何时因何故而起,自古以来,人们对此作过种种探讨,归纳起来,大体有五种礼仪起源学说:一是天神生礼说;二是天、地、人统一说;三是礼源于人性说;四是认为礼是人性和环境矛盾的产物;五是认为礼生于理,起于俗。

(一)天神生礼说

礼仪的起源可以追溯到原始社会,那时由于生产力水平极为低下,人们对一些自然现象无从认识,更无从把握,只好推测在人类之外存在一种超自然的力量干预着人类的生活,这种超自然的力量源于天地鬼神。于是人们对其产生敬畏,进而开始了相关的祭祀活动,这些祭祀活动的方式、程序就是礼仪的渊源。《左传》有言:"礼以顺天,天之道也。"说明了顺乎天意的礼便是合乎"天道"。

（二）天、地、人统一说

该观点认为天、地和人之间具有统一性和制约关系，而礼仪便是对这种制约关系和统一性的体现。子产曰："夫礼，天之经也，地之义也，民之行也。天地之经，而民实则之。"就礼仪的内容而言，的确有一部分反映了三者之间的制约关系和统一性，如顺天地之规律、行四时之政等。当然也有很大一部分与此无关，如等级贵贱之分决非源于天地之别。

（三）礼源于人性说

这是儒家学说的基本观点，它把人性和礼结合起来。孟子认为在人性中存在善端，故而人皆有恻隐之心、羞恶之心、辞让之心、是非之心。恻隐之心为仁之端，辞让之心乃礼之端。孟子从人的本性上找到了礼的心理依据。孔子则以"仁"释礼，把礼当作处理人际关系的行为准则；同时他又把"仁"当作礼的心理依据，克己爱人则为仁，以仁爱之心处理人与人的关系则为礼。

（四）礼是人性和环境矛盾的产物

该观点同样与人性有关。荀子认为人天生好逸恶劳，欲壑难填，但是社会资源是有限的，为了解决这一矛盾，于是圣人制定礼仪，目的就是用来抑制人的恶性，培育人的善性。在此，礼被看成了抑恶扬善的工具。

（五）礼生于理，起于俗

《管子·心术上》曰："礼者，谓之有理也。"理，是指事物发展的必然性和规律性。该观点认为人们如果想正常地生存和发展，就必须有一套规范来约束，这些合理的行为规范就是礼。荀子又曰："礼以顺人心为本，故亡于《礼经》而顺人心者，皆礼也。"此话把事物的理落到实处，使之与风俗习惯相联系，于是就有了礼起源于俗的说法。从理和俗两方面来说明礼的起源，不仅使礼获得了哲学上的依据，也使礼获得了民间的基础，这样就可以解释礼可因理而变，因俗而异。这一观点是对礼的起源的更深入的探讨与概括。

综合以上五种观点，结合现代人类学研究的成果，可以认为礼仪是与部落群居的形成过程同步产生的。部落群居的生活要求人们必须进行交往，原始人开始用手势、表情来反映意向，用击掌、拍手、拥抱等来表达感情，用手舞足蹈庆贺丰收等，这些都是人际交往礼仪的雏形。敬天祭神（表现形式主要是图腾）活动的开展使礼具备了最基本的内容。

第二节　礼仪的表现形式和分类

一、礼仪的表现形式

礼仪是一种社会文明，具有非常丰富的内涵。这种文明的内涵必须通过一定形式表现出来。

（一）语言礼仪

语言是人类交往最常见的形式之一，不管是一般的人际交往还是社会关系的具体实务活动，都大量地采用语言。语言不仅用于人与人之间的交谈和信息的交流，而且明显地反映着人们的情绪、情感。语言礼仪是人们文明交往和情感交流的一门艺术。

1. 语言是成功的助推器

人们在交往中总是希望取得满意的效果，取得成功，而成功者应该是会说话的人。特别是在双方初次结识的时候，能否用恰当的语言表达自己的诚意和对对方的尊重，成为决定交往是否成功的至关重要的环节。

语言是联系人们之间的思想感情，形成良好人际关系的重要因素。一个人善于交谈，善于用对方喜欢的语言交流，就能广交朋友，给人以温暖和愉悦，赢得他人的好感和友情，使人愿意与其进一步交谈与合作。

为了达到进一步交往以建立良好的人际关系的目的，在讲话之前应有充分准备，根据会面对象的特点，认真考虑讲话内容，并且应熟悉、默诵。这样，在会面时才会有话可说、表达自如，给对方一个干练爽快的好印象。同时，语言表达一定要意义明确、清晰流畅，这样才能使他人了解自己的意图，才能与他人更好地交流思想，即使在听众较多时也能吸引众人，取得较好的效果。

2. 语言能反映人内心的真诚

礼仪需要真诚，人们在交往时都希望对方是真诚可信的。因此，在表达意愿时，应该使用体现诚恳、出自肺腑的语言，那样才能触动别人的心弦。坦诚相见、真心实意的交流，既是自信的表现，也是对他人的信任。只有使用表达真情的语言才能激起对方感情的共鸣，才能取得满意的效果。在交谈中不仅要态度认真、语言诚恳，还要在语言中表现稳重和热情，让人感到你的成熟可靠、真诚热情，从而心情放松，从内心愿意与你结交为朋友，愉快地接受你的建议和友谊。

3. 语言能展示人的修养

语言不仅可以交流感情、体现真诚，还可以展示双方的学识修养。文明礼貌的语言、真实坦诚的态度能使人感受到谦逊和友好，以形成信任、亲切、友善的交谈气氛，为交往成功奠定良好的开端。

人们都希望与有学识、有修养的人交往，都想在交往中增长见识、提高水平。因此，交往中语言的表达要有思想、有内容、有深度，使对方感受到你的谈话信息准确、内容丰实、主题明确、思路清晰，从而引起对方的浓厚兴趣，吸引对方的注意力。同时，还应当重视言谈的逻辑性和科学性，言之有理、言之有据，从而增强交谈的感染力，增强语言的表达效果，甚至使对方经常回味或引用你的"经典"语言，使之产生深刻长久的影响和作用。

(二) 仪表礼仪

仪表即人的外表,既包括相貌、身材和服饰等静态因素,也包括姿态等动态因素。研究仪表礼仪是为了让人们正确认识仪表,精心修饰仪表,不断完善仪表,并在人际交往中展示出自己的形象魅力和品位风格,从而取得最佳效果。

1. 仪表展示人的形象魅力

仪表是人的形象魅力的展示,端庄、大方的仪表会使人感到愉悦,产生强烈的感染力和影响力。人们常说"仪表堂堂,风度翩翩",就是形容一个人的外表。外表在人的整体形象中占据着最为显著的地位,向他人传递最直接、最生动、最深刻的交往信息,反映着人的精神面貌。

形象魅力主要表现为人的仪表对他人的吸引力、诱导力、凝聚力等,是感召和征服人的精神力量。形象魅力虽然是丰富多彩、千姿百态的,但核心是"动人",特别是对于以前并不认识的人,第一印象非常重要。端庄的仪表、文明的修饰给人以亲切感和信任感,从而在对方心目中形成综合化、系统化的印象,让对方愿意接受你、选择你,这就是"先入为主"的"首因效应"。而礼仪是展示个人形象的重要手段,例如:交谈讲究礼仪,可以展示文明;举止讲究礼仪,可以展示端庄;穿着讲究礼仪,可以展示高雅等。总之,一个人的仪表礼仪可以使其充满魅力,这种魅力是人们在社会交往和沟通中不可缺少的条件,是交往能否融洽、深入发展以及成功的关键。

2. 仪表是人的内在气质的反映

气质是由内心滋生出来的,是具有个性的稳定的心理特征。它的形成是一个过程,家庭的环境、接受的教育、社会的交往、文化的熏陶等都是影响气质形成的重要因素。气质是形象魅力的组成部分,良好的内在气质表现为举止高雅和仪表端庄。

气质是一个人的风度和素质的表现。一个有气质的人,通常在眉眼神情、举手投足、着装打扮等方面都达到一种境界,其仪表达到众人共同认可与喜欢的高度。这种状态能使人成为交往关系中的中心人物,不仅会感染周围、令人感慨,而且会引人关注、备受重视,这是增加人际吸引力的砝码。

3. 仪表是人的综合素质的表现

人的综合素质是心理素质、道德修养、文化素质、身体条件等方面的综合特征,是人的内在气质、外貌形象和精神风貌的高度统一。在人际交往过程中,它通过人的神态、仪表、言谈、举止等表现出来。因此,人的仪表是其综合素质的组成部分,是综合素质的表面特征。

人的综合素质是通过长期的社会教育和实践以及自我完善和提高形成的。综合素质越高,人的各方面修养也越高,人的仪表也越文明,即表现为人的外貌、身材、姿态、修饰等得体和端庄,从而展现出完美的个人整体形象。人们在社会活动中往往喜欢和综合素质高的人交往,这是因为综合素质越高,其可信任度也越高,越能令人觉得可靠和心里踏实,交往也越能取得成功。

（三）行为礼仪

行为礼仪也是人际交往过程中的重要表现形式。行为是指人的各种动作，是通过人的肢体、器官的动作和表情来表达主体思想感情的一种非文字语言，或称人体语言。研究行为礼仪是为了让人们认识行为的文明规范，从而正确运用人体语言，提高交际质量，保证交际效果。

1. 行为礼仪体现人的道德修养

行为礼仪就是要求人们的行为要有规矩，要符合一定的标准。无论是在公共场合、职业场所，还是在家庭环境中，人们的行为举止都要文明得体，要讲究礼节、礼貌。这不仅是正常人际交往的基础，也是道德修养和风貌的表现。

行为礼仪既然是人们在社会生活和交往中应遵循的行为标准和准则，那么必然体现在人与人、人与社会的关系中。行为礼仪与道德的关系极为密切，这是因为行为礼仪是以一定的道德知识、道德信念为基础的。人们遵守公共秩序，讲究卫生，忠于职守，尊老爱幼，待人谦逊，举止得体，都源于良好的道德品质。在日常生活中，人们只有具有良好的道德品质，才会有优雅得体的举止、文明礼貌的言谈。因此，通过一个人的行为对礼仪的运用程度，可以了解这个人教养的高低和道德境界水平；通过一个国家公民的行为举止、文明习惯，可以察知这个国家的社会风貌、道德状况和公民素质。可见，道德是通过人们的行为来表现的，行为礼仪是道德的外在形式，道德是行为礼仪的基础。一个国家往往通过社会规范和公认的具体规范或标准来约束人们的行为，即通过人们的行为礼仪来促进公民个人道德的发展与完善，创建良好的人际关系和谐的社会环境。

2. 文明的行为会塑造美好的个人形象

美好的个人形象是通过文明的行为来展示和塑造的。健美的站姿、敏捷的行姿、端庄的坐姿、恰当的手势、善意的目光、甜美的微笑等，都会产生感染力和亲和力，给人以一种文雅、稳重、大方的美感，反映出积极的精神状态和美好的个人形象。

行为礼仪在社会交往活动中，具有自律克己、自重自尊的特点。一个人通过符合社会交往规范的行为，有分寸地约束自己的举止，达到得体适度、恰到好处，通过文明优雅的行为，展示自己的稳重大方和充实的文化内蕴，让人感到既潇洒又稳重，既有活力又不轻浮，既有个性魅力又平易近人，从而充分展示出美好的个人形象。一个人的形象魅力对他人的吸引力是不能低估的，有理性的人都会赞赏美好的个人形象，而不喜欢头脑简单、举止轻浮的个人形象。因此，以文明的行为礼仪塑造良好的个人形象，是与人交往和相处的重要条件，为交往的继续、合作的成功打下深厚的感情基础。

3. 良好的行为会增进友谊和合作

行为礼仪既是人的道德修养的体现，又能展现美好的个人形象，无论从伦理的角度，还是从审美的角度来讲，良好的行为都会提升与人交往的效果，同时会增进友谊和合作，为更大的成功创造条件。

人际交往是复杂的互动过程,表现为双方的思想情感的交流与沟通,包含着双方情感和情绪的因素。这些情感和情绪的因素,除了通过语言进行交流之外,很重要的一部分是通过人的表情和举止行为表现出来的。举止优雅得体、神态自然大方可以展示一个人健康的体魄、良好的心理素质和健全的人格,表现出诚恳、善意、宽容大度的心态,从而使对方感受到友好、真诚的情感,得到对方的信任和尊重,建立起纯洁的友谊,使交往得以延续发展。

二、礼仪的分类

礼仪作为一种社会规范,被人们广泛地应用于各个场合,渗透到社会生活的各个领域。因此,礼仪的内容丰富多彩。根据人们社会交往的对象和性质,可以把礼仪分成三种类型。

(一)家庭礼仪

家庭是人们生活的重要领域之一,它不仅是家庭成员相处和维持相互之间的亲密关系的稳定场所,也是家庭成员与外界联系和对外交往的重要纽带。

家庭是以人们的婚姻关系为基础,以血缘关系为纽带,存在于一定范围内的亲属之间的社会生活组织形式。家庭作为社会生活的基础单位,与社会有着千丝万缕的联系,必然形成与社会的交往关系。因此,家庭中不仅存在与家庭成员、亲属的交往关系,而且也存在与朋友、其他社会成员的交往关系。正确处理好这些关系,是家庭存在和发展的基本条件,这就必须研究家庭成员的行为准则、礼节和仪式,即家庭礼仪。家庭礼仪既是调节家庭成员的相互关系,从而实现家庭和睦、幸福的基础,也是社会和谐、国家稳定的重要条件。

(二)职业礼仪

职业礼仪是从事一定职业的人们在职业活动中的行为规范的总称,包括职业行为准则以及各种职业礼节和仪式等活动。职业是人们社会活动的重要领域,研究职业礼仪对于人们更好地从事职业、遵守职业道德、实现职业理想以及各种职业的发展有着重要的意义。

职业礼仪是公民在特定的职业生涯中产生的。由于社会分工的不同,形成了具有专门业务和特定职责的各种职业。人们在从事的职业中追求生存和发展,并形成了在职业活动中对他人和社会应承担的责任,这就要求人们必须遵守一定的职业行为规范。不同的职业有不同的职业行为规范,从而形成了不同的职业礼仪。职业礼仪可以提高从业人员的文化素养,培养他们热爱本职、忠于职守的职业道德,从而建立起一支高素质的职业队伍,以扩大本职业的社会影响,树立良好的职业形象,取得最好的社会效应。

(三)公共礼仪

公共礼仪是人们为维持社会公共生活秩序而共同遵守的行为规范的总称。它包括社会公共生活准则,即社会公德以及公共生活中的礼节和仪式等活动。社会公德是形成公共礼仪的前提。因此,研究公共礼仪,必须关注社会公德,以便更全面、更深刻地理解公共礼仪。

社会公德是全体公民在社会公共生活中应该遵守的行为准则,包括文明礼貌、助人为乐、爱护公物、保护环境、遵纪守法等内容。它涵盖了人与人、人与社会、人与自然间的主要关系。对个人来说,遵守社会公德能够反映出他的文明教养程度;对社会来说,公民遵守社会公德的状况可以反映出整个社会的文明程度。社会公德的突出特点是其社会公共性质,它是维持社会公共生活正常秩序、保证绝大多数人的根本利益的最起码的道德条件,是人类社会文明发展的一种反映和标志。可以说,社会公德是公共利益的主要内容,没有社会公德的礼仪是虚伪的,而礼仪是社会公德健康发展的结果,是完美的社会公德的集中表现。公共礼仪有助于纠正和克服人们的不良习气,有助于建设一个有秩序、讲文明、讲礼貌、和睦的社会环境。

第三节　秘书礼仪工作的职能和原则

一、秘书礼仪工作的职能

(一) 以礼仪塑造企业形象

组织形象是社会公众对某一组织的总体评价和综合印象。目前世界经济形势正发生着重大变化,多元化的经济格局和国际市场一体化的趋势正对中国社会产生着深刻的影响,我国企业面临着日益激烈的国际竞争和国内市场的竞争。要在这样的环境下生存和发展,企业必须有一种主动适应变化着的环境的能力,使资金、技术、信息、人才、产品的流通性更大,产生最大效益,并以迎接挑战的姿态参与国际经济大循环,增强国际市场竞争能力。在这风险与机遇并存的挑战面前,企业应调动一切积极因素,利用一切有效手段,提高自身的知名度和美誉度,从而建立良好的品牌信誉,树立良好的企业形象和员工个人形象。秘书人员要充分利用自己的独特身份,在塑造企业形象的过程中发挥独特作用。礼仪是现代社会公共关系的辅助手段之一,企业形象的塑造离不开礼仪。

礼仪手段的恰当运用正是企业形象的反映之一。要树立良好的企业形象,除建立产品信誉、运用象征性标记外,还要注重企业员工的精神风貌、服务态度、业务水平、装束仪表,这些都是企业形象的一部分。秘书人员首先要注重个人形象,从而让社会公众通过自己对企业产生好感;在企业的管理活动和日常工作中,也要提醒和教育员工注意自身形象,以维护企业形象。

礼仪手段的恰当运用,又与秘书人员的公关意识、形象意识大有关系,主动地、有意地通过礼仪来体现企业的形象,是每个秘书人员的基本职责之一。

（二）以礼仪推动企业文化建设

现代社会的企业管理越来越注重人的主动性和创造性，"企业文化"的概念也由此应运而生。企业文化是企业在自身生产经营实践中形成的，为全体员工认同的企业群体意识和行为准则。它既指表面的物质文化，如厂歌厂旗、产品形象、厂容环境等；又指结构性的制度文化，如领导体制、组织结构、规章制度等；还指深层的精神文化，如价值取向、经营哲学、行为准则等。无论哪一层意义，都与礼仪有一定的关系，因此，秘书人员应充分认识礼仪在企业文化建设中的作用，在推动企业文化建设的进程中，尽可能地发挥礼仪所具有的加强个人修养、调节人际关系的职能。

企业文化的核心是精神文化，它对企业的发展起着重要的促进作用。管理层如果能通过精神文化的作用来调动员工的积极性，将产生巨大的物质效应，形成强大的生产力。秘书人员在辅助领导决策、协助制定各种管理制度时，应树立以"人"为本的观念，在严密、强制的制度下，注意以礼仪、道德的精神感召力启发、诱导企业员工规范自己的行为，体现企业的精神，维护企业的形象。通过礼仪的规范作用，使员工自觉地为自己的不当行为内疚，从而自觉调节行为。企业的某些礼仪仪式如升厂旗、唱厂歌等，体现的也是企业的精神，秘书应协助企业领导筹划这类活动，设计厂旗，编撰厂歌，使企业的精神深入人心。这样做有利于领导层协调和控制全局，而秘书辅助领导的意义也得以充分体现。

企业员工的人际关系、思想交流、感情沟通也是企业文化的内容之一。企业作为社会的一部分，自然要反映社会的价值取向、道德观念。此外，在企业内部，工种的区别、技术水平的不同、收入的差异以及各员工个性、家庭状况的不同都可能引起人与人之间的碰撞、摩擦。这种碰撞与摩擦若得不到妥善的处理，对员工本人的精神和企业的工作都将造成极大的伤害，矛盾若激化，甚至会危及社会安定。运用礼仪手段可缓解矛盾，协调关系，促进感情沟通和思想交流。礼仪作为开启心灵的钥匙，能促使员工放眼未来，将个人的理想与企业的发展联系起来，增强对企业目标的认同感和作为企业一员的使命感、自豪感，产生对企业的归属感，形成强大的凝聚力，从而焕发出高度的主人翁意识和积极向上的精神面貌。精神面貌的积极健康，又将进一步促成文明礼貌的企业文化氛围的发展，使每个员工的价值能在这种环境中得以更充分地体现，才智得以更充分地发挥，尊严更受重视，而这些又会反过来增强企业的凝聚力，形成良性的循环。

企业文化是以人为中心的"管理软件"，相对以物为中心的"理性管理"而言，它是一种"灵性管理"。在企业文化建设中，礼仪对规范企业员工的群体意识和行为准则，对调动一切积极因素，都有重要的推动作用。

（三）以礼仪架起信息桥梁

信息对现代企业来说，可谓至关重要。企业的一切生产经营活动中，都有信息在直接、间接地起着作用。信息的广泛传播和应用，促进着生产力的发展和经营管理质量的大幅度提高。随着信息传播与应用规模的逐步扩大，信息将源源不断地创造出新的社会财富。信息还是一种可以共享的特殊物质，在人们互相传递交换的过程中，信息不断地得到更新和增值，也不断地影响着企业的行为和领导的决策。信息工作是秘书人员本职工作的基本内容之一。

信息工作的第一环节是信息收集，要求主动、积极、广泛地挖掘信息来源，运用各种手段获得信息，一旦信息加工完毕，又应将信息迅速传递出去。在这个信息的进与出的过程中，秘书人员应充分认识到礼仪是重要的信息输送桥梁。

礼仪能使信息的传播渠道更加畅通。信息要求及时、保真、系统，倘若信息渠道不畅，就达不到及时、保真、系统的要求。为此，秘书人员必须广泛挖掘信息来源，运用多种手段获取信息，除了各种大众传播媒体，还要建立自己的信息网络，而礼仪就是建立和维系这个网络的重要手段。只有以礼相待，以诚相见，以互利为前提，以双赢为目标，才能在社会上找到朋友，建立合作关系，避免信息的封锁和传输干扰。随着信息成为全球资源配置和生产力发展的关键要素，信息在社会生活中的重要性日益增强，信息技术也在以惊人的速度发展，它已经并将更深入地影响我国社会的各种关系，企业的生产、经营、管理都将会有更大的变化。正因如此，礼仪在信息社会的桥梁功能才尤显其重要。

现代社会更重协同发展。在商务活动中，一个重要的原则便是协作各方互惠互利。那种以强凌弱、以富欺贫、以大压小的行为早已被市场所否定。在平等的协作中，礼仪可以调节气氛，润滑关系，加强团结，确保协作的健康发展和顺利进行。秘书人员要懂得珍惜各种协作关系，学会适宜地调节气氛，恰当地用礼仪手段表示感谢、祝贺、慰问、关心，广泛地参与各种公关活动或交际活动，不失时机地结交新朋友，巩固老关系，哪怕是递上一张名片、在办公室打出或接进一个电话、在公众场合的一次点头握手，都应认真诚恳，从而加强情感交流，并及时用礼仪修补被破坏的或处于冷淡中的关系，以使合作各方更亲近、更融洽，从而更理解、更信任，合作的可能性越大，发展的机会也就越多。

礼仪在秘书工作的各项业务中有着广泛的体现，它一般不是单纯地出现在人的面前，而往往与秘书人员的其他工作，如公关活动、管理活动配合出现，但它在工作中的重要性是显而易见的。没有礼仪，就不能形成健康和睦的内外关系，不能完成各种发展计划，不能达到既定的目标。秘书人员一定要重视礼仪工作，提高礼仪水平。

二、秘书礼仪工作的原则……………………………………………………………………

秘书礼仪工作紧紧围绕秘书"辅助领导"这个根本任务，一切礼仪行为都从这一点出发。因此，秘书人员的礼仪工作须遵循以下几点原则。

(一) 真诚平等

真诚平等是秘书礼仪工作的第一原则。真诚,指的是真心诚意的友善表现、实事求是的客观态度;平等,指的是人格的平等和礼仪活动中各方所执之礼的大体相当。

平等是真诚的派生,精神上真诚了,行为上才能体现出平等。没有平等,交往中的礼仪就成了施恩与受恩,会使受恩一方产生精神上的压抑和人格上的屈辱,礼仪变形为枷锁,牢牢地套住了一方,使他在受恩时也受制于对方。平等不仅是人的尊严的平等,礼仪规格和表现的相对应也是平等的内容之一。它包括在礼仪活动中注重"礼尚往来",如一方对另一方表现出的礼数应有对等的反应,表现为回答对方的致敬或致礼、答谢对方的宴请、及时对对方的来访进行回访等。另一方面,在礼仪活动中,要注重平衡,例如:按国际惯例,在国际会议上,各国代表的位次不是按国家的大小、强弱状况来排列,而是按会议所用文字的国名的字母顺序来排列;在签订条约、协定时,应遵守"轮换制",即每个缔约国在其保存的一份文本上名列首位,由其代表在这份文本上首先签字。这种平衡的做法,体现的也是平等的原则。

真诚平等原则并不是要求在礼仪场合不顾一切地袒露胸襟。假如不顾对象、不顾后果地表明自己的态度、发表自己的观点,不但会使自己处于被动,也会引起别人的尴尬和不悦,这是不尊重他人的表现。因此,不应胸无城府、口无遮拦,也不应以个人好恶评价别人、以个人生活习惯和工作作风强求别人。真诚平等不是不要含蓄,不要说话技巧,而应彬彬有礼,既不使自己被动,又充分给对方留有余地,在此基础上表现出最大的热情。

(二) 规范适度

礼仪工作并不是虚伪的客套,而是现代社会文明交往的客观需要。因此,礼仪要合乎规范,切合场景,表现适度。

礼仪规范首先要求礼仪行为符合国际惯例、社会规则,无论是涉外交往还是国内交际往来,都要注重这点。任何一种礼仪行为都有一定的规则,体现着一定的文明精神。如礼宾活动尽管细节各有不同,但其中所体现的对远道而来的客人的尊重的文化心理是一样的;又如向贵宾献花的一般总是儿童和女青年;再如中国民间不兴以"钟"相赠,认为这与"送终"谐声,乃不吉之兆,我们就不必以为这是迷信而非欲破除不可,这样做可能事与愿违,迷信未破,友情却破了。还有些不成文的国际惯例却是礼仪工作的基本要求,如交往中要为各方的内部情况保密,交往各方要在公平的基础上竞争,不得向自己现有客户的竞争对手提供服务等,这些都是礼仪的规范。只有以真诚、热情来规范地表现礼仪,才能达到礼仪的目的。

礼仪规范还要求礼仪行为与不同的外部环境相配合。如庆典活动的氛围是热烈、喜庆,秘书的服饰、仪容、神情、语气等都要与环境氛围相匹配,所执之礼也应与之相符。在追悼会上,浓妆艳抹、锦衣绣裙与环境气氛不符,此时倘再大声寒暄,而不是低沉地向丧主表示哀悼之意,就更不合礼仪了。

除了执礼要规范之外，礼仪还应注重适度。适度就是要恰如其分，礼仪规格要与受礼者的身份相应。如对方是董事长，我方也应由董事长出面，对方是经理，我方也应由经理出面。一般来说，主方身份可略高于客方，以示对客方的重视和诚意，但主方身份若低于客方，则是失礼怠慢的表现。礼仪的结果不应使对方感到紧张或难堪。礼仪的目的是亲睦合作伙伴，架起沟通的桥梁，所以礼仪应该从容、温馨、不失态、不失格，彬彬有礼而不低三下四，热情大方而不轻浮诮诼，自尊而不自负，坦诚而不鲁直，信人而不轻信，谦虚而不拘谨，老成持重但决不圆滑世故。这些分寸的把握，必须在长期实践中才能摸索出经验来。掌握适度的同时，秘书人员应充满信心地与人交往，不自卑胆怯、委曲求全，又把握好分寸，视具体情况使用相应的礼仪。

（三）宽容尚美

人际交往倘不讲究宽容，则很难实现相互之间的和睦相处。宽容是一种高尚的情操，它容许别人有行动和判断的自由，对不同于自己或传统观点的见解抱持耐心。秘书人员工作接触面广，各色人等五花八门，因此在礼仪工作中尤其要懂得宽容。秘书应善解人意，不斤斤计较，不蝇营狗苟，不纠缠于细枝末节的小事，应多设身处地地为对方着想，多体谅别人。倘对方有过错，也不要从此将其一棍子打死，而应给予对方一定的期待和信任，鼓励对方重新开始。在情况不明时，不能胡乱猜忌，即使双方意见严重分歧，也不该将问题扩大化，而应力图求大同存小异，在个别场合甚至求小同存大异，以求与对方相容相安，这样才能争取更多的朋友。能与别人相容的另一个好处，是可以在礼仪交往中更多地学习对方，达到互补的目的。

随着改革开放的深化，涉外交往日趋增多，秘书人员的礼仪工作内容越来越复杂多样。在这种形势下，秘书人员要主动积极地学习其他地域、其他国家、其他民族的礼仪文化，以利于提高自己的礼仪工作水平，促进礼仪文化向更新、更高的层次发展。礼仪是一种文化积淀，在互相交流和学习中，可以促进对对方文化的理解，有利于交往的深入进行；可以改进自己礼仪行为中的一些陈规陋习或繁文缛节，使礼仪发展更趋向现代、文明、简洁。礼仪习俗的互相碰撞，可以催生新的礼仪。

第四节　秘书礼仪素养的培养

一、秘书礼仪素养养成的重要性

秘书人员在各种办公场合、公务场合和社交场合中，在与他人的交往中，处处都要体现自己的职业礼仪素养。如果恰到好处地运用礼仪，就会在职场中给他人留下良好的印象。因此，秘书职业礼仪的培养在秘书人员的职业成长中处于比较重要的地位。秘书职业礼仪的培养主要包括以下三个方面。

（一）提高对职业的认识

秘书人员首先要对自己的岗位有全面而深刻的认识，只有这样才有可能把自己的工作做好。秘书职业礼仪的培养能够使得秘书人员在学习职业礼仪的同时，也学习到与自己的岗位相关的知识，这有利于秘书人员对本岗位的工作职责有更深入的了解和把握，从而提高秘书人员对职业的全面认识。

（二）陶冶职业情感

秘书人员能否做好本职工作，与其本人对职业的热爱程度有着很大的关系。只有对这份工作有充分的了解才有可能热爱这份工作，只有热爱这份工作才有可能把这份工作做得更好。对秘书人员的职业礼仪的培养能够让秘书人员更加了解自己的工作性质和内容，提升秘书人员对工作的热情，从而陶冶秘书人员的职业情感。

（三）养成良好的职业习惯

秘书工作不仅包括日常的工作内容，而且包括在工作中所应当遵循的职业礼仪和规范。秘书人员不仅要把自己所学习到的秘书职业知识和岗位知识运用到工作中，而且要在工作中养成良好的习惯，只有这样才能把工作做得更加规范和标准。对秘书人员职业礼仪的培养，能够促使其养成良好的职业习惯。

二、提高秘书礼仪素养的途径和方法·······························

作为一名秘书人员，在日常工作中处处离不开礼仪，要适应工作需要，提升自身形象，塑造组织形象，就必须提高自己的礼仪素养。可以从以下几方面来提高秘书的礼仪素养。

（一）培养良好的职业道德

礼仪属于道德范畴，它依赖于道德，又对道德的养成具有极为重要的作用。礼仪对社会人际交往行为的渗透越全面，其对道德修养的依赖性也越强。"言为心声，行为心表"，礼仪如果不以社会道德为基础，而以个人文化素质、品格修养为基础，只在形式上下工夫，势必事与愿违，发生假文明、假斯文、东施效颦的笑话。所以，注重礼仪修养的根本在于加强道德修养，培养良好的道德品质是秘书实施礼仪的首要条件。

道德分为社会公德和职业道德。社会公德是全民性的道德，为社会全体成员所承认，也是全体成员应当遵守的。任何人一旦违反了社会公德，就会遭到社会舆论的谴责。职业道德是在一定的职业活动中所应遵循的行为规范，是社会公德在一定职业范围内的具体表现，也是个人道德修养最集中、最基本的体现。秘书职业对从业者有较高的道德要求，秘书人员不仅需要具有高尚的社会公德，而且应当加强职业道德修养，自觉地用秘书职业的道德规范来塑造自己的人格，以适应秘书的职业环境。秘书职业道德具体表现在以下几个方面。

1. 敬业爱岗。秘书的工作岗位在领导身边,掌握领导的很多机密,又常常会受领导委托,代表领导出面做许多事情。但是,秘书所做的一切都仅仅是为领导的决策提供服务。这种岗位的特殊性决定了秘书地位的引人注目和秘书工作的繁杂琐碎。秘书的工作性质对秘书的自身素质有较高要求:在工作态度上,要尽职尽责、任劳任怨;在工作能力上,要多才多艺、干练利索;在学识修养上,既要全面丰富,又要一专多能;在心理素质上,既要主动热情,又要含蓄内敛,既要稳重自制,又要幽默大方。所以,尽管秘书岗位说到底是一个服务岗位,但秘书工作又要求秘书是个全才。秘书的劳动成果具有潜隐性,劳动过程具有幕后性,能否安于这样一个岗位,默默无闻又积极主动地做好本职工作,对秘书从业者来说是一个考验。秘书人员应该充分理解秘书工作的特殊性,树立正确的职业理想和职业态度,怀着一颗平常心、清净心、欢喜心,对工作充满诚意,对众人充满善意,遵守职业纪律,维护职业荣誉,安于本职,爱岗敬业。

2. 公正客观。秘书要待人平等,处事公正。公正客观是秘书做好工作的基本前提。秘书工作的职能之一就是协调关系,作为协调活动的主体,秘书必须公正客观才能服人。在工作中不能以地位高低论曲直,也不能以个人好恶作判断,要尽量做到对事不对人,要在上司的授权范围内合理行权,在与同事的充分沟通中协调职权,在部下的积极配合下有效用权。对待上司要敬重,注意维护上司的权威;对待同事要谦虚,绝不能擅权自傲;对待群众要理解,要与人为善,宽以待人;对待自己不能有特权,要严于律己,恪尽职守;面对工作不能有偏好,不能感情用事;帮助他人要出于诚心,提批评、建议要出于公心。

3. 忠诚守信。忠诚守信是做人的根本。对于秘书来说,这一点尤为重要。秘书要牢记自己服务的根本对象是领导,忠诚于本职工作,忠诚于本部门领导,是秘书必守的本分。此外,秘书还应该忠于承诺,一旦许诺,必须办到。

4. 摆正位置。秘书辅助决策的最重要的原则是"定位"。对于秘书来说,必须摆正自己的位置,忠诚、守本分。秘书虽然在领导身边工作,但工作性质是为领导提供全方位的服务,秘书人员要清醒地认识到自己的职权范围,认识到自己的工作具有幕后性、劳动成果具有潜隐性,在领导面前,自己永远是配角。所以,即使秘书很得领导信任,也不能张扬;即使居功至伟,也不能表功;有时心知肚明,表面上还得装糊涂;有时满腹委屈,还不得不代人受过。

5. 保守秘密。保守秘密是秘书工作的一个基本原则,也是秘书职业道德的基本要求,世界各国对秘书的要求都有这一条。对于秘书而言,不仅脑子要活、手脚要勤,而且嘴巴要紧。秘书要在职业活动中牢固树立保密观念,严格执行有关保密法律、法规和规章制度,养成保密习惯,确保一切秘密事项的安全。具体要做到:不该说的机密绝对不说;不该问的机密绝对不问;不该看的机密绝对不看;不该记录的机密绝对不记录;不在非保密本上记录机密;不在公共场所及亲友面前谈论机密;不在不利于保密的地方存放机密文件和资料;不通过普通电话、明码电报、普通邮局传达机密事项;不携带机密材料游览、参观、探亲、访友和出入公共场所。

（二）学习礼仪理论知识

实践需要理论支撑。要具备礼仪素养,就得学习礼仪理论知识,了解和掌握礼仪的基本要求。通过教师讲授,学习礼仪的概念、本质、规律、功能和原则,学习个人礼仪、社交礼仪、秘书礼仪等礼仪的具体程序、规范。通过课外书籍、网络等途径广泛阅读文化书籍,提高自己的文化素养,以丰富礼仪内涵,提升礼仪品位,提高礼仪水平。

（三）加强礼仪实践训练

人的认识来源于实践,认识正确与否,只能用实践来检验。因此,秘书人员应该身体力行地使用礼仪,用礼仪培育自己的美好心灵,同时,还要用自己的礼仪行为去影响他人,用礼仪缩短人与人之间的距离,用礼仪赢得别人对自己的尊敬。此外,秘书人员要通过礼仪实践,真正培养起相应的礼仪情感、礼仪意志和礼仪信念,养成良好的礼仪习惯。

（四）不断反省提高

习惯的养成不是一朝一夕的,礼仪素养的培养是一个循序渐进并且不断反复的过程。秘书要时刻用礼仪来指导行动,合乎礼仪的就做,不合乎礼仪的就不做。秘书应该每天对照礼仪要求自我检查,看看自己的行为有无不当之处,及时找出问题,不断总结技巧,自我提高。

秘书应通过理论学习,树立完整的礼仪观念,培养正确的礼仪意识,把礼仪观念用恰当的形式和行为表现出来,养成良好的礼仪习惯,最终提高自身的礼仪素养。

【思考题】

1. 礼仪的涵义是什么?
2. 礼仪的表现形式和类型有哪些?
3. 为什么要强调坚持秘书礼仪工作原则的重要性?
4. 培养秘书礼仪素养要注意哪些方面?
5. 你认为礼仪是什么,有什么作用?

第二章　形 象 礼 仪

　　秘书形象礼仪指的是秘书人员在公务活动、各种场合和日常工作中的仪容、姿态、行为举止。恰如其分地掌握和运用形象礼仪,既能显示个人魅力,又能增添组织风采,往往在职场交往中产生令人意想不到的效果。形象礼仪包括仪容礼仪、仪表礼仪、仪态礼仪三个方面。

第一节　仪容礼仪

　　仪容修饰是一种文化价值的显现,是对自我的性格、爱好、气质、风度的重新塑造。仪容的修饰不但影响着人们的社交的成功、事业的顺达、生活的愉快等许多方面,还影响着周围人的态度。可见,借助仪容的修饰,既可扬长避短、美化形象,又可增强人际吸引力,提高事业成功率。

仪容礼仪的基本要求

　　仪容礼仪最重要的一条就是要注意仪容的修饰问题。仪容修饰不是改换面目,而是在原有个性的基础上,呈现出美感来。仪容修饰的基本要求有以下五点。

　　第一,干净。要勤洗澡、勤换衣,颈脖、手、耳朵等都要干干净净,眼角、口角、鼻孔的分泌物也要除去。保持身体清洁,清除身体异味,尤其夏天经常流汗,一定要经常洗澡。

　　第二,整洁。整洁,即仪容让人看起来感觉洁净、清爽。衣服要干净、平整、清爽,头发要勤洗、理顺,不要有头皮屑。

　　第三,卫生。要注意口腔卫生,早晚刷牙、饭后漱口,嚼口香糖时不当着客人的面;要注意手部卫生,勤剪指甲,饭前便后要洗手。

　　第四,简约。仪容修饰要简洁、大方,忌标新立异、繁琐搞怪。

　　第五,端庄。端庄即庄重典雅、端正大方。这是仪容美的至高境界,不仅会给人以美感,更会赢得他人的尊重及信任。

第二节　仪表礼仪

　　仪表是一种无声的语言,它包含着一个人的个性、身份、角色、涵养、阅历以及心理状态等多种信息。在人际交往中,着装直接影响到别人对你的第一印象,关系到对你个人形象的评价,同时也关系到一个企业的形象。

着装的原则······

选择与自己个性、身份、年龄及场合、周围环境都相适宜的服饰,才能达到真正的美的境界,才能为自己、为企业塑造良好的公众形象。秘书人员在着装上应该遵循以下几方面的原则。

(一)整体协调原则

服饰应该与自己的职业、社会地位、文化修养相协调,也应该与自己的年龄、体形、肤色、发型、相貌特征相协调。秘书人员的着装首先要考虑的是自己的职业形象。

1. 与自身特点相协调

选择服装首先应该与自己的年龄、体形、肤色、性格、身份和谐统一。年长者、身份地位高者选择的服装款式不宜太新潮,应选择款式简单而面料质地讲究的服装。年轻者着装则应着重体现青春气息,以朴素、整洁为宜,力求清新、活泼。

2. 色彩搭配相协调

服装的色彩搭配是着装成功的重要因素,以"整体协调"为基本准则。全身服装的颜色最好不超过三种,而且以一种颜色为主色调。服装配色和谐的办法主要有:一是上下装同色——即套装,以饰物点缀;二是同色系配色,利用同色系中深浅、明暗度不同的颜色搭配,整体效果比较协调;三是利用对比色搭配(明亮度对比或相互排斥的颜色对比),运用得当,会有相映生辉、令人耳目一新的效果。

(二)TPO 原则

TPO 原则是国际上公认的穿衣原则。TPO 是英文 Time(时间)、Place(地点)、Object(目的)三个单词的缩写。

"T"是指着装要考虑时间因素,做到随"时"变换。在每一天的早、中、晚三个时间段,每年的春、夏、秋、冬四个季节,以及人生的不同年龄阶段,都要注意着装与时间相协调。

"P"是指所在地点、位置不同,着装也应有所区别,特定的环境应配以与之相适应、相协调的服饰,才能使人获得视觉和心理上的和谐美感。

"O"是指服饰打扮要考虑此行的目的。对自己的着装带给对方怎样的印象,应该有一定的预期。

第三节 仪态礼仪

仪态也就是人的肢体动作,包括站姿、走姿、坐姿、蹲姿,是风度的具体体现。每个人都以一定的仪态出现在别人面前,而这些外部的表现又是其内在气质、知识、能力等的真实流露。

一、站姿

常言道:"站如松,坐如钟。"这是中国传统的关于形象的标准。站姿是衡量一个人的外表乃至精神的重要标准。优美的站姿是保持良好体形的秘诀。从一个人的站姿,可以看出他的精神状态、品质修养及健康状况。

(一)站姿基本礼仪要求

1. 头正

站立时,两眼要平视前方,下颌微收,嘴自然微闭,表情放松,面带微笑。表情放松,能给人一种自然、不做作的感觉。面带微笑是要给人亲切、和善、容易沟通和接近的感觉。

2. 挺直

挺胸收腹,臀部向内收紧并向上提,颈部、背部、腰部挺直,身体的重心向上。站立时,要达到身体"正看一个面,侧看一条线"。

3. 平肩

两肩要平正,肩部自然舒展,稍向后下沉。

4. 臂垂

手臂自然下垂,放于身体两侧,手指自然弯曲,虎口向前,双手的中指要对准裤缝。

5. 腿并

双腿在站立时尽可能贴紧,脚跟靠拢。双脚略微分开或呈"V"字步,夹角在60度左右,均匀着地。

(二)常见的几种站姿

1. 侧放式

侧放式站姿是男女通用的一种站姿,脚跟并拢,脚掌分开呈"V"字形,两腿并拢立直,重心在双脚上,头正、脖直、立腰、收腹、挺胸,双臂自然下垂,手指自然弯曲,虎口向前,下颌微收,目光平视,面带微笑。

2. 叉手式

叉手式站姿是男女通用的一种站姿,脚掌分开呈"V"字形,两腿并拢立直,重心可在双脚间转换,两手握指交叉于胸前,右手搭在左手上。男士可两脚分开,距离不超过20厘米。女士可用小丁字步站立。

3. 单臂式

单臂式站姿是男女通用的一种站姿,通常是将左臂放于后背,用右手来完成一些服务工作。

男士双脚打开,女士呈丁字步。

4. 背手式

背手式站姿较适合于男士,双手后背,双脚呈小八字步站立。

二、走姿

秘书人员走姿的好坏,不仅能直接反映出一个人的健康状况、文化修养和审美层次,还代表着企业的精神风貌和整体形象。秘书人员应该做到"行如风",达到一种如风行水上的轻快自然的美,给人以干练愉悦的感受。

走姿的基本礼仪要求包括以下几方面。

(一)挺直

良好的走姿要求上身和颈部挺直,下颌微微向内收,双眼平视前方(约 5—6 米处),挺胸、收腹、立腰、提髋,行走时上身稍微前倾,面带微笑,双肩自然下垂,两臂在体侧自然摆动,前后不超过 30 度,手指自然弯曲。

(二)平稳

提髋,弯曲大腿带动小腿向前迈,脚尖略开,重心平稳,行走的路线尽可能保持平直。女士行走时,行走线迹要成为"一条线"或"两条平行线"。

(三)轻盈

步幅不易过大,男士的步速一般为每分钟 110 步左右,女士的步速一般为每分钟 105 步左右。走路要用腰,给人以自然、轻松灵活、富有弹性、敏捷、稳健和有韵律的感觉。

三、坐姿

(一)坐姿基本礼仪要求

1. 入座轻、稳、缓

入座前应先走到座位前约一米处,然后转身轻稳地坐下。在正式场合,一般从椅子的左边入座,这是一种礼貌。如果椅子的位置不合适,应在入座前将其移至就座处。

2. 坐中从容、自然

入座时应坐在椅面的 2/3 处,如果是较软的宽座沙发,至少也要坐在 1/2 处。女士双脚要并拢或交叠呈小"V"字形,双腿正放或侧放;男士两膝之间则可分开一拳大小的距离。

3. 离座自然、稳当

起身离座前,应先用语言或动作向其他在座的人示意。起身离座时,右脚向后收半步后起立,用基本站姿站定后,方可离去。一般应从椅子的左侧起身离座,这也是对客人的一种礼貌。

（二）常见的几种坐姿

1. 正襟危坐式

正襟危坐式坐姿是指女士腰挺直，膝靠紧，小腿垂直于地面，两脚并拢，双手合握放在腿上；男士两膝与两脚同时展开不能超过肩宽，小腿垂直于地面，两手分开放于膝盖。

2. 开关式

开关式坐姿是指女士小腿前后分开，双脚基本保持在一条直线上，膝部靠拢；男士双脚前后略分开。

3. 双腿叠放式

双腿叠放式坐姿是指在正襟危坐式的基础上，右小腿与地面垂直，右大腿在上方与左大腿重叠，小腿互相紧贴，左脚脚尖指向地面，双手合握放在右大腿上。

4. 双腿交叉式

双腿交叉式坐姿是指双脚前交叉，右脚在上，双手相握，右手握左手。这种坐姿适合于一些较随意的场合或在较熟悉的朋友面前使用，女士应注意在异性面前不要采用这种坐姿。

5. 双腿斜放式

双腿斜放式坐姿是指在正襟危坐式的基础上，双腿同时轻轻地向回收，并向一侧倾斜，两脚踝相靠，略微调整，在美观的基础上，以稳定、舒适为宜。

四、蹲姿

（一）蹲姿基本礼仪要求

1. 自然

下蹲拾物品时，要站在所取物品的旁边，蹲下屈膝去拿，而不要低头，也不要弓背，要慢慢地把腰部放低，两腿合力支撑身体，臀部向下。

2. 得体

下蹲时要一脚在前，一脚在后，两腿向下蹲，前脚全脚掌着地，小腿基本垂直于地面，后脚脚跟提起，前脚掌着地，臀部向下。

3. 大方

如果想用右手拾物品，可以先走到物品的左边，右脚向后退半步后再蹲下来。脊背保持挺直，臀部一定要蹲下来，避免弯腰翘臀的姿势。

（二）常见的几种蹲姿

1. 高低式

高低式蹲姿男士、女士均适用，是一种正式蹲姿。双膝在下蹲时一高一低，左脚全脚掌着地，放在前面,左小腿垂直于地面,右脚前脚掌着地,脚跟抬起。右膝低于左膝,右膝内侧也可靠在左膝内侧。女士双腿靠紧,男士可适度地分开。

2. 交叉式

交叉式蹲姿是一种正式蹲姿,通常适用于女士。下蹲时左脚在前,右脚在后,左小腿垂直于地面,左脚全脚掌着地,右腿与左腿交叉重叠,右膝从后面向左侧穿过左腿,右脚跟抬起。左右腿可调换前后位置。

3. 半蹲式

半蹲式蹲姿是一种非正式蹲姿,通常在行走中紧急下蹲时采用。上身稍弯曲,与下身形成锐角,臀部必须向下,双膝稍微弯曲即可,两条腿可稍分开,重心一般放在一条腿上。

4. 半跪式

半跪式蹲姿有时也称为"单跪式蹲姿",是一种非正式蹲姿,多用在下蹲时间较长,或为了用力方便时使用。双腿一蹲一跪,一条腿全脚着地,小腿垂直于地面;另外一条腿单膝点地,以脚尖着地,臀部坐在脚跟上。

【思考题】

1. 怎样理解秘书形象礼仪的基本要求?

2. 秘书形象礼仪的基本要求与秘书人员个人的道德修养有什么关系?

3. 学生可以十人为一组,按照上班场合的着装礼仪,自行对服装进行搭配,并进行展示和相互评议。

4. 某公司成立十周年,欲举办一个隆重的庆祝仪式。如果你是负责接待的秘书,该如何装扮自己,如何引导客户? 请实践练习,并在同学间进行展示。

第三章 电话礼仪

电话是秘书处理日常事务最常用的工具,凡上司指示、下级部门的汇报、业务联系、询问咨询、人际交往等常常通过电话来进行。因此,接打电话成为秘书最普遍的日常工作。

电话往往是公司和外单位接触的第一渠道。电话虽然是机械,只能传声,不能传情,但是,"言为心声",对方根据秘书的声调、语气,能判断出其公司人员的素质、是否有诚意,这决定着他对公司是产生好感还是反感,愿意交往还是疏远。

因此,讲究接打电话的礼节颇为重要。《韦氏秘书手册》就写道:"正确使用电话能提高工作效率,创造友好气氛,可能使人留下对你公司的最好印象,提高你的办公室在上司心目中的地位。"所以,秘书必须掌握接打电话的礼仪。

第一节 接听电话的礼仪

一、开始接听的礼仪

(一) 铃响后立即接听

听到电话铃响,应马上放下手头工作,立即接听,最多不得超过三遍铃响。不然,对方可能不再打,而联系另一家公司,你方就可能失去一次成交买卖的好机会。商场如战场,不能让电话老是响着而不接。如果铃响三遍后才接听,则必须先向对方道歉,然后才转入正题。

如果是对方拨错了号,秘书不应生硬地说"你打错了"就挂断电话,而应当礼貌地说:"这里是××公司,电话号码是××××××,你要打的电话号码是多少?"这样做,不会使对方难堪,又能显示出你和公司的素质,赢得对方的好感。

(二) 微笑接听

秘书要微笑着接听电话。因为微笑着接听电话会使你说话得体,彬彬有礼,声音柔和,这样的电话能给对方以愉快、亲切、可以信任的感觉,可能促成一笔生意;相反,一个态度生硬、音调呆板的电话,可能使一笔生意砸锅。因此,通话时,要态度和蔼、声音清楚、语气亲切,要微笑着面对话筒,只有心情愉快、面带笑容才能显得热情有礼。

带着微笑接听电话,多用"您好"、"对不起"、"我可以帮您做什么"、"您是否需要留言"等亲切热情的"微笑语言",效果良好。

当你遇到不如意之事,心情不愉快时,应当以自制力使自己的心情平静下来再通话,切莫让怨气通过话筒传给对方。

(三)注意姿势

接打电话时还应注意姿势,端庄的姿势会使你有良好的心境。如某家日本企业,对招聘的办事员首先要进行培训,培训的第一课就是如何接听电话。示范者一听电话铃响,立即放下手头之事,迅速拿起话筒,一声"您好,这里是日本×××公司"后,就是一个毕恭毕敬的日本式见面礼。通话中,她"是"声不断,通话结束,又是一个鞠躬。这种接听电话的姿势虽说有些憨态可鞠,但反映出姿势对接听电话很有作用。

(四)开头的礼貌语

电话接通后,不宜开口就呼"喂,喂",这样显得很不礼貌,而应当代之以"您好"等问候语,紧接着自报家门。

如果接听的是内部电话(也包括一些外部电话),秘书还得报出自己的姓名、职务和工作部门。

(五)询问对方姓名

如果对方听到你自报家门后,不作自我介绍就直接谈事情,你应当以礼貌的口气问清他的姓名、单位。

二、接听中的礼仪

(一)呼应

对方讲话时,秘书不能长时间地沉默,否则,会使对方猜疑你没注意听,甚至走开了。因此,秘书应当适时应声附和,使对方感到你是在专注地听。

(二)请对方重说一次

如果秘书一时没听清对方的话,尤其是重要的话,应当请对方重说一遍。

(三)请对方稍候

通话中如遇另一部电话铃响,应礼貌地请后者稍等或过会儿再打来。

通话中,如果为了答复对方需要查阅有关资料、询问别人,或者有急事须处理,应向对方道歉,请对方稍等。

如果急事处理的时间较长,则应当约对方事后再继续通话,不能让对方久等。

(四)对方激动时

通话中,对方说着说着,有时会变得激动起来,尤其是投诉电话,常常言辞激愤。此时,秘书不能与对方争吵,仍应礼貌相待,保持冷静,理智平静地对答,可以采取以下几种方法。

第一,以柔克刚,让对方将话说完,然后平静地表述自己的意见。如:"您购买的产品出现了问题,请到本公司的维修中心去维修,它的地址是××××××,电话号码是××××××。"

第二,沉默是金。当对方情绪失控时,秘书宜用停顿、沉默相待,自己不随声附和,既不反驳,也不打断对方,让对方发泄完。

第三,冷处理。如听完后说:"您的意见,我可向上司反映。有了结果,我会马上给您打电话。"

此外,秘书,尤其是新秘书,对单位的专门业务不可能全懂,如涉及这类电话,可请对方稍等,然后请内行的同事来接听,切忌不懂装懂。

第二节　礼貌地处理打给上司的电话

秘书每天接听的找上司的电话很多,如果全转给上司,会花费上司许多时间和精力,影响其工作。为此,秘书对这类电话必须以礼貌的语言甄别处理。

一、分流

(一)自行处理

如果对方提出的问题属秘书有权处理的,则应挡驾,自己予以处理。

(二)转职能部门处理

对方提出的问题属下属职能部门该解决的,如来电购买商品、反映产品质量问题等,秘书可将电话转给该下属职能部门,或告知对方下属职能部门的电话、地址,请对方直接和下属职能部门通话联系。

(三)礼貌接答陌生人的来电

秘书接到陌生人打来的电话,不能贸然地直接转给上司,应礼貌地询问清楚对方的单位、身份、姓名、事由后再判断决定。

对上司交代不愿接的电话,秘书接听后宜以婉转的语言挡驾,如说:"总经理外出了,请问有什么紧要事,能否让我转告他?"

经过如此过滤,只有少数重要的、必须由上司亲自接听的电话才转给上司。对这类电话,一是应迅速转,二是转给上司时,要先将对方的姓名、单位、身份向上司作简要介绍。

二、上司开会、外出时的电话

上司开会、外出时,有电话来找上司是常有的事,除非是约好的、上司特地交代的,一般不便于让上司接听。对这类电话,秘书有以下几种处理方法。

（一）请对方会后再来电

告诉对方上司正忙,能否在会议结束或事情处理完后再来电话,或者请对方留下电话号码,让上司届时打电话给他。

（二）请对方稍等

如果对方谈的是急事,秘书可请对方稍等,或说:"十分钟后我给您来电话。"挂断电话后,立即用便条向上司请示,而不宜闯入会议室或会客室,贴着上司耳朵说话,这对上司和客人、与会者都显得不尊重。

（三）上司回来后再联系

上司外出时,有来电找他,秘书应说明上司不在的原因和回来的时间。

说明了上司不在的原因后,秘书要请对方届时再打电话来,或请对方留下电话号码,或请对方留言,以便上司回来后同对方联系。

如对方要留言,秘书应做好详细的记录,并向对方复述,加以核实。

三、结束通话时的礼仪··

通话结束时,秘书一般应当说"再见"、"谢谢您了"、"谢谢您的帮助"、"谢谢您来电话"。

在一般情况下,秘书要等对方挂断电话,才轻轻放下话筒,尤其在对方是长辈、上司时更应如此。

第三节　打电话的礼仪

一、开头的礼貌语··

打出电话的一方在听到对方问候和自报家门后,也应问候,并报出自己的姓名和身份。

二、通话中的礼仪··

通话中,秘书要做到以下几点。

（一）语音适中

通话中语音要适中,以使对方听清,保证准确性。如电话信号不好,对方听不清或声音小,不宜喊叫。越喊叫,对方越听不清楚。因为大喊时,电话阻值变化受到抑制,电话信号出现削顶,失真很大。

（二）说清内容

不管是接听还是打出电话,其内容都要做到"六何"清楚,即:

何人(姓名)	WHO	何时(日期)	WHEN
何地(场所)	WHERE	何事(内容)	WHAT
何因(理由)	WHY	如何做(方法)	HOW

此"六何"英文中又称为"5W＋How"。

接听电话时,要记下"六何",并一一与对方核对,写入电话记录表;打出电话时,先按"六何"酝酿好要点,一一讲清,以免遗漏,保证准确。

(三) 突出重点

通话时讲话速度要比平时稍慢些,言辞简明扼要、突出重点,句子要短,对于要点和容易误解之处,可重复或请对方复述,以便核对。

用英语通话,尤其要注意:

第一,口齿清楚;

第二,讲慢些;

第三,别吞吞吐吐;

第四,记录要点。

三、其他注意事项

如果自己打错了电话,应向对方道歉。

如果对方在电话中问及属于机密的问题,如公司业务、技术成果、人事变动等,秘书须注意保密,但不能生硬地回绝,更不能采用指责、训斥的语气,而应当用婉转的言辞礼貌地回避这些问题,可以说:"很抱歉,这问题我不知道。"如对方盯着问,则可以说:"这类问题似乎不适宜在电话里谈,您说是吗?"

秘书打电话时应为对方着想,尽可能在对方方便的时间内打电话,不宜在深夜或对方休息时打扰。

如属长途电话,须弄清时差,查明对方所在地的时间,并考虑收费情况,做到在对方方便而收费又较低廉时去电话。

此外,秘书一天中要打出几个、十几个,甚至几十个电话。为了提高工作效率,应计划好要打的电话,可按轻重缓急排列,一一查好电话号码,写清"六何"要点,然后,尽可能一次电话就将事情说清楚。

四、使用手机的礼仪

如今,手机已经是社会普遍使用的通信工具,其使用频率远远高于固定电话。为了促进社会的文明,手机礼仪越来越受到关注。秘书使用手机时应该注意如下礼仪。

在公共场所不使用手机时,要把手机放在合乎礼仪的位置,不要拿在手里或挂在上衣口袋外。一般来说,手机可以放在随身携带的公文包里,这种位置最正规;也可以放在上衣的内袋里;有时候,还可以将手机暂时挂在腰带上,或放在不起眼的地方,如手边、背后、手袋里,但不要放在桌子上,特别是不要朝着对方。

手机铃声设置的音量不能太大,应考虑场合,避免影响别人,铃声内容要健康,避免给公众传导错误的信息。

在开会、洽谈、上课或举行其他重要集会时应关机或设置为静音,这样既显示出对别人的尊重,又不会打断发言者的思路。如果在会场上铃声不断,则既干扰发言者,也影响会场气氛,使大家的目光都转向你,显示你缺少修养。

不要在公交车、飞机、剧场、图书馆和医院等公共场合,或在别人接听座机电话时,旁若无人地大声接打手机。应该把声音尽可能地压低,或采用静音的方式发送手机短信。

拨打对方手机时,要考虑对方这时可能在开车或正在路上等,可能不方便接听。所以,接通后第一句话最好是"现在通话方便吗?"。

不要在对方注视自己的时候查看短信,一边查看手机短信,一边和对方说话,三心两意,是对对方的不尊重,会让对方感到不愉快。如情况特殊,不得不接打电话,应先向对方打招呼:"对不起,我接(打)个电话。"

编辑短信内容时,应该和通话一样讲究文明礼貌。短信内容反映了一个人的文化水准和品位修养,要避免编辑或转发不健康的短信。

非经同意,不能随意动别人的手机或代别人接听手机。

【思考题】

1. 接听电话中要遵循哪些礼仪?
2. 如何礼貌地处理打给上司的电话?
3. 打电话开头应用什么礼貌语?
4. 通话中要注意哪些礼仪?
5. 使用手机要注意哪些礼仪?

第四章　日常交往礼仪

人生活在社会中,每天都要与别人接触,秘书接触的人就更多了。接触中有许多礼仪需要掌握。本章介绍日常见面礼仪、交往须知和交换名片的礼节,以及交谈礼仪。

第一节　日常见面礼仪

一、称呼和问候

人们见面时,首先要称呼对方。应当根据对方的年龄、职业、身份、辈份,与自己关系的亲疏、感情的深浅来运用恰当的称呼,并在其姓后面加上先生、小姐、老师、经理等称谓。

双方相遇打招呼时,一般应当是男子先称呼女子,年轻者先称呼年长者,下级先称呼上级。

称呼多人时的顺序应当是先上级后下级,先长后幼,先女士后男士,先疏后亲。

问候就是向对方问好,以示友好和关心。问候可以分为以下两类。

第一类是一般性问候,用于初次见面或不太熟悉的双方之间。如说"你好"、"你早"这类问候语时,虽然礼节性成分居多,但是态度仍要诚恳,不能嘴上问候,表情却漠然,这会给对方言不由衷的不良印象。对新结识的人常问"你这是第一次来这里吗"、"来这里多久了"、"这是你在这里第一次任职吗"、"你喜欢这里的气候吗"、"你喜欢我们的城市吗"等。

第二类是亲友间的问候。问候的话题要根据双方的熟悉程度而论,询问对方的工作、生活、学习、身体都可以。如果双方关系密切,也可以询问对方的家庭情况等,如"最近如何"、"一切都顺利吗"、"好久不见了,你好吗"、"夫人(先生)好吗"、"孩子们都好吗"、"最近休假去了吗"等。但是,要避免会引起对方不快的话题。

当你看见熟悉的人,又无暇分身的时候,可以举手致意。举手致意也叫挥手致意,要伸开手掌,掌心向外,面对对方,指尖朝向上方,用来向他人表示问候、致敬、感谢。

二、微笑和目光语

微笑是一种礼仪,它可以表示友好、温馨、亲切,能有效拉近双方的距离,给对方留下美好的心理感受,从而形成融洽的交往氛围。微笑能产生一种魅力,使强硬者变得温柔,使困难变得容易。所以,微笑是人际交往中的润滑剂,是广交朋友、化解矛盾的有效手段。交际中面对不同场合、不同情况,用微笑接纳对方,能反映出你的修养和胸怀,可以为自己营造良好的人际关系,笑口常开也有利于个人的身心健康。

微笑,要笑得真诚、适度、合宜。把对方当作自己的朋友或兄弟姐妹,就会自然大方、真实亲切地微笑。这样的笑,是内心情感的自然流露,是一个人的自信、真诚、友善、快乐的表露。

微笑要适度,是指不能随心所欲地笑而不加节制。笑得得体、适度,才能充分表达友善、真诚等情感。

秘书在日常工作中要接待方方面面的人士,学会微笑待人十分重要。微笑的时候,先放松面部肌肉,然后嘴角微微向上翘起,嘴巴呈弧形,最后在不牵动鼻子、不发出笑声、不露出牙齿,尤其是不露出牙龈的前提下,轻轻一笑。微笑时,目光柔和发亮,双眼略微睁大,眉头自然舒展,眉心微微向上扬起。这就是人们通常所说的"眉开眼笑"。

目光语是运用眼神来传递信息、表达情感的一种表情语言。善于运用目光语,可以使交往更加顺利。"眼睛是心灵的窗户",眼睛的奥秘在于它能如实地反映出人的喜、怒、哀、乐等情感的变化和思维活动,反映出一个人的内心世界。在与人交往时,眼神要根据内容的需要而变化,不能随心所欲。眼神的运用要主动、自然。别人与你谈话的时候,你的眼睛要注视着他,不能旁顾其他,无论对方的地位比你高或低,都要正视对方。眼神要随着谈话内容的变化不时给对方以回应,表现自己的专注、诚恳。

三、握手

握手是世界通用的见面礼仪。握手的力量、姿势与时间的长短能够表达出对对方的不同礼遇与态度,显露自己的个性,给人留下不同的印象,也可通过握手了解对方的个性,从而赢得交际的主动。

(一)握手的要求

通常在和人初次见面、熟人久别重逢、告辞或送行时都可以握手表示自己的善意,这些也是最常见的握手的场合。

在一些特殊场合,如向人表示祝贺、感谢或慰问时,双方交谈中出现了令人满意的共同点时,或双方原先的矛盾出现了某种良好的转机或双方彻底和解时,习惯上也以握手为礼。

握手时,距对方约一步远,上身稍向前倾,两腿立正,伸出右手,四指并拢,虎口相交,拇指张开下滑,与对方握手。

掌心向下握住对方的手,显示出一个人强烈的支配欲,无声地告诉别人自己此时处于高人一等的地位,应尽量避免这种傲慢无礼的握手方式。相反,掌心向内握手显示出一个人的谦卑和毕恭毕敬。平等而自然的握手姿态是两手的手掌都处于垂直状态,这是一种最普通也最稳妥的握手方式。

戴着手套握手是失礼的行为。男士在握手前应先脱下手套,摘下帽子,女士可以例外。当然,在严寒的室外也可以不脱。如果双方都戴着手套、帽子,一般也应先说声:"对不起!"握手时双方互相注视,微笑,问候,致意,不要看第三者或显得心不在焉。

除了关系亲近的人可以长久地把手握在一起外,一般握两三下即可。不要太用力,但漫不经心地用手指尖"蜻蜓点水"式地接触一下也是无礼的。一般要将时间控制在五秒钟以内。如果要表示自己的真诚和热烈,也可较长时间握手,并上下摇晃几下。

握手时两手一碰就分开,时间过短,好像在走过场,又像是对对方怀有戒心。而时间过久,特别是拉住异性或初次见面者的手长久不放,又显得有些虚情假意,甚至会被怀疑为"想占便宜"。

长辈和晚辈之间,长辈伸手后,晚辈才能伸手相握;上下级之间,上级伸手后,下级才能接握;男女之间,女方伸手后,男方才能伸手相握,当然,如果男方为长者,则遵照前面的方法。

如果需要和多人握手,则要讲究先后次序,由尊而卑,即先年长者后年幼者,先长辈后晚辈,先老师后学生,先女士后男士,先已婚者后未婚者,先上级后下级。

交际时如果人数较多,可以只跟相近的几个人握手,向其他人点头示意或微微鞠躬即可。为了避免尴尬场面发生,在主动和人握手之前,应想一想自己是否受对方欢迎,如果已经察觉对方没有要握手的意思,点头致意或微鞠躬就行了。

在公务场合,握手时伸手的先后次序主要取决于职位、身份。而在社交、休闲场合,则主要取决于年龄、性别、婚否。

在接待来访者时,握手问题变得较为特殊:当客人抵达时,应由主人首先伸出手来与客人相握;而在客人告辞时,就应由客人首先伸出手来与主人相握。前者是表示"欢迎",后者就表示"再见"。这一次序颠倒,很容易让人发生误解。

应当强调的是,上述握手时的先后次序不必处处苛求于人。如果自己是尊者或长者、上级,而位卑者、年轻者或下级抢先伸手时,最得体的就是立即伸出自己的手,进行配合。而不要置之不理,使对方当场出丑。

握手时,不妨说一些问候的话,语气应直接而且肯定。在强调重要字眼时,紧握着对方的手,以加深对方的印象。

(二) 应当握手的场合

遇到较长时间没见面的熟人时;

在比较正式的场合和认识的人道别时；

在以本人作为东道主的社交场合迎接或送别来访者时；

拜访他人后辞行时；

被介绍给不认识的人时；

在社交场合，偶然遇上亲朋故旧或上司时；

别人给予你一定的支持、鼓励或帮助时；

表示感谢、恭喜、祝贺时；

对别人表示理解、支持、肯定时；

得知别人患病、失恋、失业、降职或遭受其他挫折时；

向别人赠送礼品或颁发奖品时。

（三）握手的禁忌

我们在行握手礼时应努力做到合乎规范，避免触犯禁忌。

握手的禁忌主要包括：

不能用左手握手，尤其是和阿拉伯人、印度人打交道时要牢记这一点，因为他们认为左手是不洁的。

握手时不能戴着手套或墨镜，只有女士被允许在社交场合戴着薄纱手套握手。

握手时另外一只手不能插在衣袋里或拿着东西。

握手时不能面无表情、不置一词或长篇大论、点头哈腰、过分客套。

握手时不能仅仅握住对方的指尖，好像有意与对方保持距离。正确的做法是握住整个手掌。即使对异性，也要这么做。

握手时不能把对方的手拉过来、推过去，或者上下左右抖个没完。

不要拒绝和别人握手，即使有手疾或汗湿、手脏，也要和对方说一声"对不起，我的手现在不方便"，以免造成不必要的误会。

四、介绍

介绍是社交中相互了解的基本方法，是社交的一把钥匙。介绍包括自我介绍、居中介绍。无论是在宴请中向初次见面者作自我介绍，还是在聚会时居中为他人介绍，如果掌握介绍的礼节，则既能使相互间认识，也能使对方对你产生良好的第一印象。

（一）自我介绍

自我介绍是在没有中介人的情况下，向陌生人介绍自己的简单情况。这既是介绍自己、扩大交际面的手段，也是树立自己形象的好方法。在聚会、宴请等社交活动中，你想结识周围的新朋友,最好的办法是作自我介绍。自我介绍时,应向对方点头致意,得到回应后,向对方介绍自己的姓名、身份和所在单位,同时递上自己的名片。自我介绍时要面带微笑地看着对方,表情要亲切自然,眼神要友好和善。如:"我叫李玲,是××公司总经理秘书。认识你很高兴。"如果不了解对方是否愿意认识你,可以先请教对方姓氏,待对方回答了,再作自我介绍。如果去陌生的地方联系公务,自我介绍的内容就要丰富一些,以使对方对你此行的目的有较为清楚的了解,并可借助介绍信、工作证等辅助手段,获取对方对自己的信任。面对不同的交往对象,自我介绍的语气和方式也应有所不同。向长者和尊者作自我介绍,语调要谦恭;对同事和平辈作自我介绍,语调要明快。

(二) 居中介绍

居中介绍是中介人为相互不认识的双方作介绍。秘书在日常工作和社交活动中经常要作居中介绍。居中介绍前,介绍人先要了解一下双方是否有结识的意愿,避免贸然作介绍。了解的方法是询问"您想认识××公司的×经理吗?"或"我可以介绍×先生和你认识吗?"等。如双方有结识的意愿,则可以站在双方之间,三人呈三角形状站立,说"让我来介绍一下"或者"请允许我来介绍一下",然后抬起前臂,五指并拢伸直,手掌向上倾斜,指向被介绍者,介绍其姓名、身份、所在单位。切忌用手指指被介绍者,这是很不礼貌的动作。介绍时要面带微笑,口齿清楚。有时还可以介绍一些被介绍人的业绩、兴趣爱好等,从而为双方提供说话的由头,也可以说明被介绍人和自己的关系,便于被介绍的双方相互信任。

集体介绍时,可以按照座位、排立次序或职位高低一一介绍。

居中介绍在国际上有个约定俗成的规则,即其中更受尊重的一方有了解对方的优先权,也就是应当先向其介绍对方。顺序如下:

先将身份低者介绍给身份高者;

先将年轻者介绍给年长者;

如果年轻者身份高,而年长者身份低,则应当先将年长而身份低者介绍给年轻而身份高者;

如果双方的地位、年龄相近,可将与自己关系密切的一方介绍给另一方;

先将男士介绍给女士;

如果一个人会见多人,应当先将一个人介绍给多人;

先介绍别人,再介绍自己。

在介绍中,作为被介绍者也有一些应注意的礼节。如在介绍时,双方一般应当起立。女士、年长者、身份高者被介绍给男士、年轻者或身份低者时,可以坐着答礼,即微笑、点头致意,或双方握手,交换名片。但是,如果是在会谈桌上、宴会席上,则大家都可以坐着介绍和被介绍,不必起立。被介绍后,相互之间要说一些诸如"你好,认识你很高兴"之类的礼貌用语。

第二节 交往须知和交换名片的礼节

一、交往须知

秘书作为企业的"门面"、"窗口",在日常交往中需要注意以下几个方面。

（一）事先约定

去拜访别人,应当事先约好,商定拜访的地点、时间,避免成为不速之客,使双方都感到不方便。公务拜访的时间一般以安排在上午10时至下午4时为宜,要避免安排在临近用餐的时间。

（二）守时

秘书除了遵守单位的规章制度,上下班必须准时以外,平时无论参加会议、约见客人或被上司召见,都得守时,最好提前到达,作好必要准备,等待别人,而不能让别人等待你。姗姗来迟,既是不尊重别人的表现,也是不守信用的行为,应当杜绝。

秘书对上司要讲究准时。上司要处理千头万绪的事务,日程安排很紧凑,时间宝贵。作为助手的秘书如迟到,势必会推迟、打乱上司的工作日程安排。这自然会引起上司的不满。

秘书约见别人洽谈公事时,要准时或提前到达。这样,对方会感到自己受到了重视,觉得你是有诚意、愿意合作的,能对你产生良好的印象,有助于洽谈的顺利进行。

如果秘书遇到临时发生的意外情况,已无法准时赶到,应该打电话向对方说明缘由,并讲清大约再过多少时间能赶到,让对方心中有数。

如果秘书因有急事、要事必须更改约会时间,一定要通知或转告对方,解释清楚,并请求对方谅解。

秘书代表企业参加外单位的会议或活动,要准时或提前到达,表示对对方的尊重和谦恭。如果在会议或活动开始后才到达,应寻找适当的机会解释、道歉。否则,对方可能会误解你有傲慢之心,轻视他们。

秘书不但自己要准时,还要提醒处于繁忙事务中的上司准时参加各种活动。

总之,守时是一项工作准则,秘书应当模范地遵守,有时即使遇到一些困难,也要想办法克服,做到准时、守约。

（三）守信

秘书在接待企业内外公众的过程中,对来者提出的要求,如果依据上司的授权、规章制度中的条文向对方作了许诺,就应当兑现,即使有困难,也应当设法克服;如果一时疏忽,失信于人,也应当道歉,并采取措施补救,以维护企业和上司的信誉。

一天,某涉外企业的秘书接待了一位投诉者,该投诉者反映该企业生产的产品质量欠佳。秘书请技术人员鉴定后,证实确属质量问题,因当天成品仓库保管员外出,就请投诉的顾客次日前来调换。第二天,仓库保管员又因急诊而请了病假,那位顾客到来后又未能换到合格产品,悻悻而去。秘书心中不安,请示经理后,破例从仓库取出合格产品,晚上下班后,按照顾客登记时留下的地址,亲自登门为顾客送去合格产品,使顾客颇感意外,连声称赞该企业讲信誉、服务态度好。该秘书以言必信、行必果的做法,为企业在顾客中树立起了良好的形象。

二、交换名片的礼节

名片是社会交往中常用的工具。它印有持有人的姓名、供职单位、职务职称、联络地址、电话,可以使接受者据此认识你、和你联系。所以,名片是另一种形式的身份证。秘书平时接触的人很多,来客大都备有名片。初次前来的客人,尤其是业务员、推销员等,会向秘书递送名片;在社交场合,自我介绍或被介绍时,要向对方递送名片。所以,秘书应当懂得名片的作用、递送名片和接受名片的礼节。

(一) 名片的作用

名片的主要作用是自我介绍,也可以作为简单的礼节性通信往来的工具,如主人不能亲自前往,请人送上自己的名片,以表示祝贺、感谢、介绍、辞行、慰问、吊唁等。

(二) 接受和递送名片的礼节

无论是自我介绍还是经人介绍,当你结识了原先素不相识的人时,通常要相互交换名片。交换名片的时机是在自我介绍或别人介绍你的时候。交换名片的礼节分为两部分:接受名片和递送名片。

1. 接受名片的礼节

对方递上名片时,应当恭敬地用双手由名片的下方接过来,收于胸前,让对方感到你对他的名片是很尊重和感兴趣的。

当双方同时递送名片时,应当右手递,左手接。

接过名片后,一定要认真看一遍,仔细确认对方的身份和姓名,但不要念出声来。不应草草扫名片一眼,更不应连看都没有看一眼就把名片收起来。

看名片时,如看不懂名片上企业的名称或对方的姓名,不要不懂装懂,要诚心诚意地向对方请教:"对不起,请问您的尊姓大名该怎么念才对?"这时对方一定会高兴地告诉你的。听完后,你应有礼貌地重复一遍:"××先生(女士)。"

收到名片,可将名片放在桌边眼睛可以看到的地方,需要时,看一眼名片。不能在名片上压上别的东西,不能将名片塞入后裤袋中,不能捏着名片在桌上敲,不能将名片卷起来,不能让拿着名片的手低于自己的腰部,这些都会被对方认为是轻视或带侮辱性的举动;也不能把客人的名片当记事簿来使用,比如随手在名片背面写下次来访日期等,这也会使对方产生被轻视的感觉。总之,要像尊重主人一样,爱惜对方的名片。

客人临走时,应将名片拿在手上或放妥,不可依然摆在桌子上。

2. 递送名片的礼节

名片应该装在名片盒、名片夹、名片簿或者皮夹内。当你递送名片或接受了来客名片后,向对方回赠名片时,不宜随手取出一叠名片。递送时要起身端立,用双手递送名片给对方,单手递送会给人以傲慢的感觉。要将名片的正面朝上,可同时念出自己的姓名,并说上句"今后请多关照"或"今后请多联系"。

晚辈与长辈交换名片时,晚辈应当先递送名片。身份不同者交换名片时,身份低者应当先递送名片。

三、善于记住来客姓名

也许你曾有这样的体验:你曾因公到某一公司与某人相见,过了两三个月再度相遇,对方亲热地叫一声你的名字,你一定会十分高兴。要是某人与你见过几次面,他还问你:"请问你尊姓大名?"则会令你十分扫兴。为什么?这是因为姓名是与个人合为一体的,与对方见了好几次面,对方连自己的姓名都忘记了,足见对方不看重自己。这就很难得到别人的喜欢。

既然人们如此重视自己的姓名,秘书就应该竭力满足人们的要求。在接待客人的时候,重要的一点便是要记住对方的姓名,并且要念对对方的姓名。那么,如何记住他人的姓名呢?

秘书在与客人交谈时,可将对方的姓名反复记忆数次,并在脑海中将姓名与客人的面孔、神色及其他外观联系起来,以加深印象。在空闲间隙,秘书可以利用名片,将客人来访的情形,如客人的身份和容貌特点(高矮胖瘦、有无戴眼镜等)、谈话内容回忆一下。隔数月与这些客人相见,便可以亲切地叫出对方的姓名和身份了。

第三节　交谈礼仪

秘书工作离不开交谈,与上司、来客都得交谈。秘书在交谈时的礼仪如何,会影响对方对自己、对公司的印象,影响自己的工作或公司的业务。因此,掌握交谈礼仪是秘书不可缺少的能力。

交谈礼仪的基本要求是姿势落落大方、表情诚恳自然、语气温和亲切、表达得体。

一、声音和姿势的礼仪

秘书平时要注意自己说话的声音,一是不高声说话,在社交场合,秘书与对方交谈,即使对方是自己的熟人,说话的声音也不宜过高,以免妨碍别人,引起别人的反感;二是语调要尽量柔和、悦耳。

这就要求秘书平时应注意训练自己说话时的语调、语气,力求使别人感到和自己说话是愉快而有趣的。交谈显示出一个人的修养,为了丰富和完善自己的语言,秘书还需经常学习书本知识,丰富词汇,增强表达能力。

秘书与人交谈时要讲究姿势。

与人交谈,双方的距离要适当,太远了会显得怠慢,忽视对方;太近了会面对面,不自在。不要拉拉扯扯、拍拍打打。谈话时不要唾沫四溅。

交谈过程中,无论是站着还是坐着,都要显得端庄稳重,形体不能松松垮垮,表现出懒散的样子,不能坐着将两腿伸直,也不宜松弛地倒在沙发中。

交谈中可以做一些手势,没有手势的谈话会显得太死板。但是,手势幅度不能过大,过大就变成了指手画脚,也不能用手指指别人,这在社交场合是十分不礼貌的,更不能忽坐忽起,挥臂扭身。恰到好处的手势会使谈话的姿势动静结合,产生一种优雅的美。

二、说话的礼仪⋯⋯⋯⋯⋯⋯⋯⋯⋯⋯⋯⋯⋯⋯⋯⋯⋯⋯⋯⋯⋯⋯⋯⋯⋯⋯⋯⋯⋯⋯⋯

秘书日常要运用口语与上下左右、四面八方联系沟通,沟通不仅要及时,而且要准确。所以,对秘书说话的要求很高。

秘书说话要注意以下要求和礼仪。

第一,语言要准确无误。在与人交谈时语言要准确,否则不利于彼此的沟通。语言准确的含义,首先是发音准确、清晰,音量适中;其次是选词造句要准确,要选择最恰当的词句来表情达意;再次是内容要简明,说话要抓住要点,言简意赅,少讲废话;最后是要少用方言,在公关场合交谈应使用普通话,不能用方言土语,使用方言土语除了不利于沟通外,也是不尊重对方的表现。

第二,语言要通俗易懂。秘书要与各方面的人打交道,不仅包括本单位的人,也有外单位的人。所以,秘书说话时要注意在语言上有所区别,有些简称和略语在本单位里已约定俗成,大家都懂,但如果对外单位的人也这样说,则有可能让对方莫名其妙。所以,说话要看对象,要用对方能听懂的语言说话。

第三,说话语速要适中,语气要谦和。说话的速度不能太快也不能太慢,太快、太慢都会影响表达效果。说话太快,别人来不及反应,容易让人误解你是在吵架;说话太慢,容易使人厌倦。另外,与人谈话时,口气一定要谦和,要平等待人、亲切自然,不要端架子、摆派头、以上压下、以大欺小、官气十足、盛气凌人、随便教训指责别人。

参加别人谈话要先打招呼,别人在个别谈话时,不要凑上前旁听。若有事需与某人说话,应待别人说完。有人与自己主动说话,应乐于交谈。

有第三者参与说话,应以握手、点头或微笑表示欢迎。发现有人欲与自己谈话,可主动询问。谈话现场超过三人时,应不时地与在场的所有人攀谈几句。不要只与一两个人说话,不理会在场的其他人,也不要与个别人只谈两个人知道的事而冷落其他人。如所谈问题不便让旁人知道,则应另找场合。

男士一般不参与圈内的议论,也不要与人无休止地攀谈而引起旁人的反感侧目。与女士谈话更要谦让、谨慎,不与之开玩笑,争论问题要有节制。谈话中遇到急事需要处理或需要离开,应先向对方打招呼,表示歉意。

三、听的礼仪

与人交往,融洽关系,不仅要会说,还要会听。听是交谈的重要组成部分。通过听,不仅可以从对方那里获得许多有用的信息,了解对方的情况和意图,还可以满足对方被倾诉的需求,听也是尊重他人的表现。那么,怎么听才能更有效?

第一,要认真耐心。别人说话时,应该认真耐心地听他把话讲完。有些人在别人说话时,一听到与自己意见不一致的观点或自己不感兴趣的话题,或者产生了强烈的共鸣,就禁不住打断别人的话而插话或做出其他举动,致使说话的人思路中断、意犹未尽,这是很不礼貌的表现。当别人正讲在兴头上时,一般不宜插话,如果必须插话,也应该先举手示意并致歉后再插话。插话结束时还应该说一句"请您继续讲"。

第二,要专注有礼。在听别人说话时,要神情专注、精力集中,最好看着对方的眼睛,不能东张西望、心不在焉,或注视别处,显出不耐烦的样子,也不要老看手表,或做出伸懒腰、玩东西等漫不经心的动作。这会引起对方的反感,觉得你不信任他或不尊重他。相反,在对方说话时,如果你一直看着他的眼睛,表现出注意聆听的样子,他就会自然产生一种亲近感,愿意与你沟通。

第三,要呼应理解。当对方说到关键的地方或者快要说完的时候,听者应当点点头或者小声附和,表示自己在专注地听他说话。如果对方说话时,你毫无表情,无动于衷,或者显得非常紧张,一动也不敢动,那对方就不明白你究竟是不是听懂了他的意思。所以,当对方说话时,你应该有所表示,让对方明白你已听懂了他的意思。

第四,要适当提问。提问也是一种呼应,表示你对谈话内容很感兴趣。但提问不能太多、太过随意,不能打断别人的讲话。在遇到冷场的情况下,可以通过提问活跃气氛。有时一个话题谈得差不多了,没有更多新的内容可谈时,也可以通过提问适时转移话题。

四、交谈中应当回避的话题

秘书在与别人进行业务交往的过程中,除了涉及公务的话题以外,为了融洽、缓和气氛,在切入正题之前和交谈之中,需要讲一些非公务的话题。在社交场合,涉及这些话题的机会更多。在这些场合,秘书应注意回避一些不适当的话题,要做到:

不涉及疾病、死亡、怪诞离奇、耸人听闻、黄色淫秽的话题。社交场合的气氛应愉快和轻松,这些悲哀或格调低下的话题会令人不愉快。

对宾客,尤其是外宾,不要询问女士的年龄、婚姻、衣饰价格,不谈论女士胖瘦、身体壮弱、保养得好差之类的话题;不要问男士的履历、收入、财产;不涉及别人的隐私和会使别人感到难堪的事。

不议论、指责长辈、上司和身份高的人士;不讥笑、讽刺他人。

对外国人,避免谈其国家的政治、宗教、治安等敏感性问题。

此外,不要谈论只有个别人知道或感兴趣的事,以免冷落了大多数人;也不要过多地谈论自己的专长,而使大多数人感到索然无味。

适当的话题应是轻松愉快、大家都能加入议论的,如天气、新闻、时尚等。

五、秘书的语言特点

秘书的职业性质决定了他们的语言艺术。对秘书来说,语言的基本要求是温文尔雅、不伤感情。在具体运用中,秘书的语言有如下特点。

(一)多用礼貌用语

礼貌用语是人类文明的表现,它表示了对人的尊重,使对方感到亲切、愉快。秘书在日常交往中善于运用礼貌用语,能给人以有教养的印象,有利于双方关系的接近、融洽。常用的礼貌用语有:

问候致意语:如"您好"、"早上好"、"下午好"、"晚上好"等等。

欢迎语:如"欢迎你"、"欢迎光临"、"欢迎惠顾"、"见到你真高兴"、"欢迎阁下"等等。

请托语:如"请问"、"拜托"、"劳驾"、"麻烦您"等等。

祝贺语:如"祝你成功"、"祝你愉快"、"祝你进步"、"祝你早日恢复健康"等等。

礼请语:如"请进"、"请坐"、"请用茶"、"请讲"等等。

道谢语:如"谢谢"、"非常感激"、"多谢你的帮助"等等。

致歉语:如"对不起"、"请原谅"、"麻烦你了"、"实在对不起"、"给你添麻烦了"等等。

告别语:如"再见"、"回头见"、"明天见"、"欢迎你再来"、"请走好"等等。

在我国丰富多彩的语言宝库中,还有大量的敬词、谦词,它们是礼貌用语的重要部分,秘书也应当善于使用。如:

初次见面说"久仰",好久不见说"久违";

等候客人用"恭候",宾客来到称"光临";

看望别人用"拜访",请人别送用"留步";

陪伴朋友用"奉陪",中途告辞用"失陪";

请人原谅说"包涵",请人批评说"指教";

求人解答用"请教",盼人指点用"赐教";

请人帮助说"劳驾",求给方便说"借光";

麻烦别人说"打扰",托人办事用"拜托";

向人祝贺说"恭喜",赞人见解称"高见";

称人父亲为"令尊",称人母亲为"令堂";

对方来信称"惠书",赠人书文题"惠存";

尊称老师为"恩师",老人年龄称"高寿"。

（二）多用赞美语

赞美语指夸奖、称赞、肯定对方的言辞。

人人都有自尊心,都希望得到别人的尊重。秘书应当了解人们的这一普遍心理需求,在交谈时,对对方的成绩、品行、态度予以肯定、称赞,让对方的自尊心得到满足,为交谈创造良好的气氛。俗话说:"一句话使人笑,一句话使人跳。"对同样一件事,运用赞美语评价和运用否定语评价,效果会截然不同。

（三）运用鼓励语

秘书在交谈中,不宜使用直截了当的否定对方的言辞,如"不对"、"这绝对办不到"等。这类话会伤害对方的自尊心,使他产生抵触对抗情绪,听不进下面的说明、解释。如果改用对对方话中的合理部分予以肯定、鼓励的方式,如表示"你说的话有一定道理"、"你所说的一些事是事实"等,然后再指出其话中的缺失之处,对方就比较容易接受。

秘书常受命传达一些上司的指令,这种时候,更得注意运用鼓励语,使执行者鼓起信心,怀着受到上司信任的良好心态去完成任务。

（四）运用幽默语

幽默是语言的调味品,是智慧的火花,是一种高雅的情致,也是具有良好心理素质和语言艺术的反映。幽默的言辞能使交谈富于情趣,为交谈增添欢声笑语,活跃气氛,化解尴尬局面,融洽相互关系,且能使对方留下深刻而又美好的回忆。

因此,秘书在说话时要善于运用幽默语,可适当插入一些成语、典故、笑话。当然,要做到信手拈来、贴切自然,并且内容健康。

幽默语可以用于说话的开头,以消除拘束,拉近双方的心理距离,吸引对方的注意力。

幽默语作为一种诙谐有趣的言辞,用在交谈中间,可以使讲话由张而弛,可以化解矛盾,摆脱困境。

如某单位在春节前几天接待了一个外地同行的代表团,在接待室就坐时,一位客人不慎将沙发前的茶几玻璃撞倒在地上,碎成一堆。顿时,场面颇为尴尬,一片静寂。这时,秘书立即笑着说:"春节将临,要除旧迎新。客人为我们带来了好兆头,看来明年我们一定会有新成就。"一句话说得全场一片欢笑,气氛转为正常。

幽默还可以避拙就巧、弥补挂漏,也能委婉地讽刺丑恶事物、劝戒不良行为。因此,秘书要提高自己的语言修养,力求使自己的语言具有幽默感。

(五)委婉含蓄

秘书的言语要不伤对方的自尊心,必须注意委婉含蓄。尤其是秘书工作具有保密性,对别人提及的一些涉及机密的话题,秘书既要保守机密,又要顾及对方的自尊心和感情,就得尽量软化语言,委婉地答复。

六、运用体态语

秘书还得熟悉体态语。体态语是运用手势、姿势和表情来表达思想感情的一种微妙的语言,是一种无声胜有声的语言,它能辅助口语更有效地表达思想感情。

比如,双方交谈时,你以宁和而友好的目光注视着对方,表示尊重和专注;你上身前倾,表示热情、有兴趣,又带谦虚;微微欠身,表示恭敬;点头表示肯定、赞同,摇头则表示否定、持有异议。如对方上身后仰,则表示轻视;侧转身体,表示反感;背朝着你,示意不愿再谈;拂袖而去,则自然是不欢而散了。

所以,秘书应当理解和善于运用体态语,这有助于秘书在交谈时善解人意、反应灵敏。中国人的性格一般较内向,而外国人个性外向,说话时好耸肩、摆头、打手势,体态语更多,表情更丰富,秘书应当理解这些姿势和动作的含义。

手势是体态语中最主要的形式,是一种很有表现力的体态语。秘书在与客人交谈和迎送、引导客人时,经常需要用到手势。恰当的手势能起到促进沟通和交流的作用,使自己的形象更佳、更有风度。秘书在与不同国家、不同地区、不同民族的客人交往之前,应该先了解并懂得他们的手势语,这样才可以避免产生误解与不快。

【思考题】

1. 日常见面时如何称呼和问候?

2. 握手有哪些礼仪?

3. 介绍有哪些礼仪?

4. 交换名片有哪些礼仪?

5. 秘书的语言有什么特点?

第五章　文 书 礼 仪

秘书的文书需要讲究礼仪,因为文书也是塑造企业形象的一个方面。文书除了在有限的空间内清楚明晰地表达各种信息外,也是企业形象和精神的传达,不仅折射出写作者个人的文化修养,而且反映着企业的精神风貌。因此,秘书在写作的时候,一定要注意内容与格式等的规范化,把它上升到礼仪文化的高度。

第一节　一般文书礼仪

一、信函礼仪

信函,是书信的正式称呼。在人际交往中,信函是一种应用极为广泛的书面交流形式。对于秘书而言,信函在实际工作中扮演着举足轻重的角色。因此,每一位秘书都必须熟练掌握信函的书写和使用规范。

(一) 内容与格式

作为一种交际文体,信函的最大功效和目的在于传递信息,因此其内容必须合乎规范,表述必须准确清楚。要做到这一点,关键就在于要严格遵守信函的书写格式。公务信函的格式与私人信函大致相同,具体而言,可分为笺文格式和封文格式两方面。

1. 笺文格式

笺文,即写于信笺上的书信内容。笺文一般由抬头、启词、正文、祝颂语、落款以及附言组成。

(1) 抬头。抬头是对收件人的称呼,于信笺首行顶格书写,并且单独成行。通常适用的称呼有如下几类:一是以姓氏加上称谓词,如"李先生"、"王女士"等;二是以姓氏加上职衔,如"黄科长"、"赵主任"等。称呼之前,可加一些适当的形容词,如"尊敬的"、"敬爱的"等;称呼之后亦可加一些适当的提称词。提称词多用于以书面语言写成的信函中。提称词应注意与称谓配合使用,例如对尊长应用"尊鉴",对平辈应用"惠鉴",对晚辈应用"青鉴",对女性应用"涉鉴"等等。

(2) 启词。启词是正文之前的开场白。既可表示客气寒暄,也可提示写信原因。启词应于抬头之下另行空两格书写,一般应单独成段。

(3) 正文。正文是书信的主体部分,是写者叙述的正事所在。为方便阅读,正文可酌情分段,每段句首空两格,转行后顶格书写。

(4) 祝颂语。即写信者在笺文结尾向收信者所表达的祝愿、钦敬、勉慰之语。祝颂语一般包括两部分内容:一是应酬语,即笺文结尾特以一两句话结束正文的语句;二是问候祝福语,即出于礼貌而对收信人所作的不可缺少的祝颂或问候,如"敬颂春安"、"即颂大安"、"祝您成功"等。

(5) 落款。落款包括署名和日期两部分。署名应位于祝词之后另起一行的右方。日期应具体到年、月、日,另起一行,写于署名的正下方。

(6) 附言。附言是写信者对正文的补充,往往以"又"、"另"一类词引出,或不写引出词,而以"又及"、"再及"一类词结束。附言应在署名与日期之后另起一行空两格书写,不必分段。

2. 封文格式

封文,即写在信封上的书信内容。国内邮寄信函、国际邮寄信函与托人代转的信函,其封文有着不同的格式。

(1) 国内邮寄信函。在交付邮寄的国内信函的信封上,应先在左上角写清收信者所在地的邮编,然后另起一行书写收信者的详细地址;收信者姓名则以稍大字体书写于信封的正中央;信封的右下方应写清寄信者的地址、姓名(有时可只写姓氏)以及邮编。

(2) 国际邮寄信函。在交付邮寄的国际信函的信封上,收信者的姓名、地址和邮编应写在信封正面的中央偏右下方;寄信者的姓名、地址和邮编则应写在信封正面的左上方或信封背面的上半部。书写的具体顺序应是姓名、地址、邮编、国名;书写地址时应自小而大,与国内写法相反;书写时应尽量使各行文字左右对齐。

(3) 托带信函。在托人转交的信封上,左上角可视具体情况写上"转送"、"面交"等字样。收信者地址、姓名写法不变。如托带人知道收信者地址,可以不写地址而只写姓名。信封右下角一般只注明写信者姓名,不必写其地址。收信者和写信者的邮编均不必写。

(二) 注意事项

1. 公务信函应力求简明扼要、篇幅简短,切忌啰啰嗦嗦、拖沓冗长。若有附言,也应力求简洁,无需另用信笺。切勿在信笺的上下左右乱写附言,令人眼花缭乱,不知所云。封文可用钢笔、圆珠笔、毛笔等书写,切勿使用铅笔,颜色则以深蓝色或黑色为佳,忌用红色、绿色等彩色笔书写;字体须端正,以示尊敬。写信函的时候一定要真诚。

2. 秘书在收到信函后,务必要以适当的方式予以及时回复,以示对对方的尊重。回复应遵循"照旧"原则,即以函复函。如果因故改变回复方式,应向对方道明原因。也可在收到重要信函后先挂电话告诉对方信函已收到,然后再及时复函。复函时除对对方的提议、要求作详实答复外,还应告之是何时收到对方何时所发的信函。若确实无法及时回复,则须先电告对方致以歉意,解释原因,再抽时间予以回复。

3. 秘书对收到的信函要进行分类整理,妥善保存于安全之处。根据有关规定,定期销毁那些没有保存价值的信函。销毁信函应经过鉴别和主管领导批准,并登记在册。销毁时应有专人在场监督,保证不丢失、不漏销。切勿将信函随便当作垃圾扔掉,或当废纸卖掉,也不可随便挪作他用。

(三) 示例

示例一:

(20××)常材字×××号

交易商洽函

××省××公司:

贵公司 5 月 6 日发来的要求与我公司建立业务合作关系的书面材料,我公司已于 10 日收悉。对于贵公司的建议,我们表示感谢! 对于材料中提及的我公司产品的问题,现作如下回答:

1. 产品情况:我公司有专门人员负责质量监督和管理,对每一个技术参数和指标都严格要求,若发现问题,我公司会立即组织责任部门展开问题调查,并承诺 48 小时内制定问题解决方案,提交相关报告。

2. 产品数量:我公司现有生产人员 300 人,其中一半以上有 4 年以上工作经验,能够保质保量地完成贵公司的订单。

3. 产品的包装和运输:我公司产品包装主要以纸盒为主,内有塑料和泡沫,附有说明书。铁路、公路、航空都可运输。

4. 保险:我公司以中国人民保险公司的相关货物保险条款为准。

5. 因人力不可抗拒的外因,如战争、自然灾害等导致货品延期交货或者无法交货的,我公司不承担责任。

真诚欢迎贵公司派遣人员来我公司参观,洽谈合作相关事宜。

祝工作愉快!

××电子有限公司(印)

2013 年 5 月 11 日

示例二:

委托函

××传媒公司:

春节将至,我单位要举行一场高质量的庆祝晚会,现委托贵公司派人员到我单位协助晚会的组织。

1. 活动时间为 2013 年 2 月 7 日晚 6:00,晚会时间为一个半小时。

2. 参演人员以我单位人员为主。

3. 请在 1 月 15 日前提交晚会设计方案。

4. 具体费用面谈。

专此函达，盼复！

委托方：××市××局（印）

2013 年 1 月 5 日

二、请柬礼仪

请柬又叫邀请函，也称请帖，是单位、团体或个人邀请有关人员出席隆重的会议、典礼，参加某些重大活动时发出的礼仪性书信。它不仅表示礼貌庄重，也有凭证作用。请柬在我国有着悠久的历史，早在魏晋时期，请柬就得到了广泛的使用，如简帖、双书、晶字封等。诸如婚嫁、添丁、店铺开张、中举等值得庆贺的事，亲戚朋友都会接到邀请。现代请柬五花八门，内容和用途更是比以往广泛了许多。请柬是为邀请而发出的社交文书，从本质上讲，请柬就是一封简洁的邀请信，邀请内容的书写要符合一般书信的格式。但是，与普通书信不同的是，请柬在款式、颜色、图案方面要根据邀请活动的内容来设计，形式上要赏心悦目，内容上要相应得体。一般来说，越精美的请柬越显得有分量。

（一）内容与格式

一般来说，请柬分为标题、称谓、正文、结尾、祝颂语、落款六个部分。如果邀请对象比较广泛，也可以采用示例二中的格式。

1. 标题。请柬的标题就是印在封面上的"请柬"二字，一般在第一行中间，或者占用一页，当作封面。可以根据内容增加字数或变换字体风格，如"开业请柬"、"结婚请柬"等。字体可以采用宋体、楷体或其他艺术字体等。

2. 称谓。称谓即被邀请者的单位名称或姓名，一般另起一行或一页顶格书写，在姓名之后写上职务、职称等，如"××同志"、"××先生"、"××教授"、"××经理"、"××主任"等。注意即使被邀请方全称字数过长，也不要轻易使用缩写，免得投递者将请柬发错了地方或对象。

3. 正文。正文应写清楚活动时间、地点、内容、目的，若对邀请方有要求也要写清楚。

4. 结尾。结尾一般要对被邀请方进行礼节性的问候，如"恭候大驾"、"望您准时参加"等。

5. 祝颂语。祝颂语用在正文结尾之后，表示对被邀请方的美好祝愿，如"祝您工作顺利"等。

6. 落款。落款时要注意写出邀请方的全称及发出请柬的日期。

（二）注意事项

1. 请柬在形式上有横式写法和竖式写法两种，其中横式写法比较普遍。横式写法的请柬的格式跟我们日常的书信格式差不多，是从左向右、从上到下地书写；竖式写法的请柬则是从右向左、从上到下地书写，我国古代书信一般采用这种写法，港澳台地区及东南亚华人地区也多使用竖式写法。正式的请柬一般可以对折，封面印有"请柬"二字，封底印有图案，封内印着邀请的内容。

2. 正文文字要简短。正文不可"长篇大论"，只需写明活动内容、时间和地点即可。态度要谦恭，对他人要用尊称。务必使用"敬请（恭候）光临（莅临、惠顾、惠临）"等敬辞。若活动中有茶歇、餐宴或礼品，也可注明"特备薄酒"、"粗布茶点"、"略备薄礼"之类的话。

3. 请柬的写作一定要考虑被邀请方在时间上是否方便。根据内容需要，可在正文内容之外加附件。如活动地点比较偏僻，可以在附件中附简明地图，标明如何乘车以及乘车路线。若是展览之类的活动，还要注明展览馆上午和下午开、闭馆时间，使被邀请方心中有数。

4. 如果邀请对方参加音乐会、演出、展览一类的活动，最好随同请柬附上入场券、节目单或相关材料等。最好在请柬上注明联系电话，已备对方在情况发生变化时联系。

5. 若活动地点比较偏僻，不能确定被邀请方是否能出席，特别是对于外地的客人，不妨随请柬一同寄上回执。回执的内容包括：能否出席、是否需要接站（机）、是否需要订返程车（机）票等。

6. 一般为了表示诚意，要亲自登门递送请柬，也可以采用邮寄的方式，但是最好不要托人转递。请柬的形式要美观大方，不可用书信纸或单位的信函纸草草了事，而应用红纸或特制的请柬纸填写。所用语言应恳切、热诚，文字须准确、简练、文雅。

（三）示例

示例一：

请　柬

尊敬的王经理：

敝公司定于 6 月 6 日下午 6 时在××大厦会议厅（××路××号）举行成立 20 周年庆典，届时敬请莅临。

此致

敬礼！

××× 公司

联系人：×××

联系电话：×××

2013 年 5 月 6 日

示例二：

请　柬

诚邀您出席××学校建校50周年纪念大会

时间：2013年11月11日(星期一)上午9：00

地点：××市××路××号××学校体育馆

××学校50周年纪念大会筹委会

2013年10月

三、贺卡礼仪

贺卡既是传递心声的媒介，也是重要的公关手段，是节日、纪念日赠送给亲朋好友的写有祝贺之词的装饰卡片。贺卡在社会交往中扮演着重要的角色，无论是结婚、生子，还是节庆、升迁、获奖、当选、开张、生日、住院等，一张精美的卡片加上只字片语就可以传递温暖。

（一）内容与格式

1. 格式要求

祝贺信函一般由标题、称谓、正文、落款四部分构成。标题即在首行正中位置书写的"贺信"二字。称谓即被祝贺单位或个人的名称。落款即发函者的署名及发函日期。祝贺信函的正文由三部分构成：一是以简要的篇幅向对方表示热烈祝贺，写清向谁祝贺、为什么祝贺等；二是祝贺的内容，即所贺之事的重大意义；三是发函者的希望和祝愿，上级写给下级的可写希望、要求，写给会议的则可用"祝大会圆满成功"等话语。

2. 注意事项

（1）语言要充满热情、喜悦，并给人以鼓励和希望。颂扬与赞美之词要恰如其分，不能过分夸大或拔高。

（2）贺卡的发送要及时。贺卡一定是与特定的日子、事情有关，过了这一特殊时间，寄贺卡也就没有意义了。因此，对于贺卡的寄发一定要提前作好准备。

（3）每一种类型的贺卡都有自己相对独立的特色，在写作时务必注意区别。

（二）常见贺卡类型及示例

贺卡这种广受青睐的传情媒介可以自行绘制，也可选用现成制品。按用途来划分，贺卡包括节庆卡和日常卡两类。节庆卡是在圣诞节、春节、情人节、母亲节、父亲节、教师节等节日寄送的应景卡片。日常卡则是平素遇事问候表意的卡片，包括开业贺卡、生日贺卡、周年纪念日贺卡、结婚贺卡、毕业贺卡、探病卡、送行卡、送礼卡、致谢卡等等。

示例一：

亲爱的妈妈：

我非常思念您，但愿圣诞之喜在您的生活中显现。祝节日快乐与祥和的气氛给您带来满怀的安宁。

即颂大安！

×××

×年×月×日

示例二：

×××公司：

欣闻新厦落成，祝贺业务发达！

×××贺

×年×月×日

示例三：

×××：

有志者事竟成，不胜钦佩，特此祝贺！

×××

×年×月×日

四、启事礼仪

启事是机关团体、企事业单位或个人向社会公众陈述、说明诸事宜或请求协助时所使用的告知性文书。"启"含有"陈述"的意思，"事"即"事情"，"启事"就是公开陈述事情。通俗地说，启事就是有事情要告诉大家并希望得到公众响应的一种诉求性应用文。启事的发布方式也多种多样，在报纸或杂志刊载、在电台或电视台播放、在公共场所指定地点张贴，都是启事常见的发布方式。

（一）内容与格式

启事一般由标题、正文和落款三个部分组成。

1. 标题。标题的写法主要有以下几种：第一种，只写"启事"；第二种，标题里标明启事事项，如"招领启事"、"开业启事"等；第三种，若启事比较重要和紧迫，则可标明"重要启事"或"紧急启事"，有时将"启事"两字省去，只写"寻人"或"招聘"。

2. 正文。正文是启事的主要部分，不同类型的启事，其正文内容也有所不同，一般包括启事的目的、意义、具体办理方法、要求、条件等。正文的写法形式多样，可以分段写，内容多的应逐条分项写清楚,要写具体、明白、准确、简练、通俗,千万不可模糊、含混、模棱两可,以免产生歧义。

3. 落款。在右下角写启事单位名称或个人姓名,视具体情况,有的还要写上地址和启事时间。如在标题和正文中已写明启事单位名称或个人姓名,则落款中可省略,只写日期。报刊上刊登的启事也可以不写日期。

(二)启事的种类

1. 征招类启事,如招聘启事、招领启事、招租启事、征稿启事、征订启事、征婚启事等;

2. 寻觅类启事,如寻物启事、寻人启事等;

3. 周知类启事,如迁址启事、更名启事、废止启事、停业启事等。

(三)注意事项

1. 启事不是声明。声明是公开说明的意思,具有庄严性、严肃性,是单位或个人在日常生活、工作中遇到一些重大的或紧要的事情,需要郑重其事地告知有关人员时所采用的一种文体。如维护自己合法权益的《版权声明》,防止别人冒领、冒用自己丢失的重要物品的声明,如《身份证遗失声明》等。

2. 是"启事"而不是"启示"。"启"的甲骨文字形像用手去开门,所以它的本义是打开,引申为开启、启发、让人得以领悟的意思。"启事"的"启"是陈述、告诉;"启示"的"启"则意为开导、启发,使人有所领悟。若把寻找失物或招聘的"启事"写成"启示",那么就与文意相悖了。

3. 行文要诚恳,内容要详尽,如寻物启事一定要把失物的名称和特征、联系人的地址和电话等写清楚。内容要真实,如征婚启事要如实写明情况,不要夸大事实。

(四)示例

示例一:

招领启事

本人于×月×日上午在公司业务部拾得皮包一个,内有手机、手表、人民币、身份证、票据等,请失主到人力资源部认领。

联系人:×××

联系电话:×××

×年×月×日

示例二:

征集设计启事

我公司是××市最早经营户外运动产品的公司,至今已有 30 年的历史。为了维护公司和消费者的权益,在此特向社会各界征集标志设计。具体要求如下。

一、要有户外运动品专卖公司的特征,有浓厚的体育文化内蕴;

二、主题形象突出,构图简洁明快、美观大方;

三、征集时间自×年×月×日至×年×月×日;

四、征集稿件请寄××市××区××街××号;

五、作品一经采用,即付酬金××元。

我公司董事长及全体员工竭诚欢迎社会各界赐稿。

××市××户外运动品有限公司(印章)

×年×月×日

五、祝辞礼仪

祝辞也称祝词,是用作祝颂的文辞,泛指在各种喜庆场合对事情表示祝贺的言辞或文章,是日常应用写作的重要文体之一。祝辞有口头与书面之分,书面祝辞较于口头祝辞更加郑重,适用于重要人物和重大事件。

(一) 内容与格式

根据祝贺的场合和内容的不同,祝辞可以划分为祝事业辞、祝酒辞、祝寿辞、祝婚辞、祝节日辞等类型。祝辞一般不必写标题,由称谓、正文、引言、主体、结尾五个部分组成。按照表达形式,祝辞可分为韵文(诗、词)体和散文体两种类型。常见的祝辞是散文体的,旧时也有韵文体的,和正史传记中的德赞、墓碑文中的铭近似,一般是在婚嫁、乔迁、升学、参军、延年长寿、房屋落成等喜事中使用。祝辞的特点是:感情饱满、充沛,语句简练,表达诚恳。

1. 称谓。祝辞的称谓视不同的对象而定。祝贺个人的,按一般书信称谓书写;祝贺集体的,常用泛称,如"各位来宾、各位同志"、"各位女士、各位先生"、"同志们、朋友们"等。

2. 正文。正文大部分内容是回顾祝颂对象的历史,赞颂其业绩、品德或意义,祝寿辞的这一特点尤为明显。

3. 引言。简要地说明祝颂的对象、祝颂的原因,一般要先表达致辞者的心情。

4. 主体。具体陈述祝颂的内容,主要根据不同的祝颂对象,或肯定工作中取得的成绩,或赞颂品德,或指出被祝颂之事的意义、作用等。

5. 结尾。正文末尾一般有祝颂语,书写表示祝愿、希望之类的言词。

(二) 注意事项

1. 语言要简练并富有感情色彩,遣词造句要满含鼓励、希望、褒扬之意,力求典雅大方、自然得体,切忌使用辩论、谴责的语气。

2. 感情要热烈,体现真情实感,要让听者感到温暖和愉快,受到勉励和鼓舞。

3. 颂扬和祝贺要恰如其分,避免瞎吹滥捧、浮言巧语。

(三) 示例

外交部举行 2013 年新年招待会　杨洁篪发表祝酒辞

尊敬的戴秉国国务委员,

尊敬的各位使节、代表和夫人,

各位同事、女士们、先生们、朋友们:

在这辞旧迎新之际,很高兴与各位新老朋友再次聚集一堂,共迎新的一年。首先,我要特别欢迎和感谢戴秉国国务委员和有关部门负责人拨冗出席今天的招待会,与各位使节和朋友们见面交流。一年来,各位驻华使节、代表以及驻华外交官们为促进中国同各国及国际组织的友好合作关系付出了辛勤的努力,作出了积极的贡献。我谨代表外交部,向你们及各位来宾致以最美好的新年祝福,向所有关心和支持中国外交的朋友们表示衷心的感谢!

2012 年,国际形势继续发生复杂深刻变化。世界多极化、经济全球化深入发展,文化多样化、社会信息化持续推进,全球合作向多层次全方位拓展,保持国际形势总体稳定具备更多有利条件。同时,世界仍然很不安宁。面对纷繁复杂的国际形势,国与国相互交流与合作日趋活跃,在友好交往中厚植友谊、在对话协商中化解矛盾、在互利合作中实现共赢,越来越成为各方的共识与追求。

今年是中国发展进程中十分重要的一年,中国共产党第十八次全国代表大会胜利召开,确立了全面建成小康社会和全面深化改革开放的目标,对新的时代条件下推进中国特色社会主义事业作出了全面部署。十八大报告强调,中国将继续高举和平、发展、合作、共赢的旗帜,在国际关系中弘扬平等互信、包容互鉴、合作共赢的精神,坚定奉行独立自主的和平外交政策,始终不渝走和平发展道路,坚持在和平共处五项原则基础上全面发展同各国的友好合作。

回首 2012 年,中国外交取得新的积极进展,中国国际地位和影响进一步提高。我国领导人成功出席金砖国家领导人第四次会晤、二十国集团领导人第七次峰会、亚太经合组织第二十次领导人非正式会议等一系列重大多边活动,与各国领导人就推动解决国际和地区重大问题深入交换意见。我国领导人重要出访 19 起,外国领导人来华访问 59 起,有利促进了中外友好合作关系。我们推动与各国关系进一步发展,同周边国家睦邻友好合作不断深化。我们在处理国际和地区热点问题上进一步发挥负责任、建设性的大国作用,积极推动和平解决有关争端和问题,维护不干涉内政等国际关系基本准则。我们积极开展公共外交和人文交流,推动中国人民与世界人民加深了解和友谊。

即将到来的 2013 年是我们贯彻落实十八大精神的开局之年,中国将在全面建成小康社会、加快推进社会主义现代化方面取得新进展。中国外交将在保持稳定性、连续性的基础上,积极适应国际国内形势的新变化新要求，与时俱进，开拓创新，为全面建成小康社会和社会主义现代化建设营造更为有利的国际环境。我们将同各国一道，共享机遇、共迎挑战，为促进人类和平与发展的崇高事业作出新的更大贡献！

女士们，先生们，

在新的一年里，我们期待着继续与各位使节、代表和朋友们保持良好合作，同各有关部门加强相互支持与配合，为推进中国与世界各国的友好事业作出不懈努力！

六、致辞礼仪

致辞指举行仪式时发表的关于欢迎、欢送、答谢等方面的讲话，一般包括称谓、正文、引言、主体、结尾五个方面的内容。

（一）致辞的类型

1. 欢迎辞。指客人光临时，主人为了表示欢迎，在相应的礼仪活动中所发表的热情、友好的讲话。

2. 欢送辞。指客人将要离别时，主人为了表示依依不舍之情，在相应的礼仪活动中所发表的叙旧惜别、充满情意的讲话。

3. 答谢辞。指在某个特定的社交场合，主人致欢迎辞或祝酒辞之后，客人为了感谢主人的欢迎和招待所发表的相应的答谢辞；也包括在专门举行的答谢活动，如宴会、酒会、招待会中，主人对在场的宾客表示谢意的讲话。

（二）注意事项

1. 第一致辞者一般由主人或主宾担当。致辞的内容要紧扣活动的主题，言简意赅，轻松幽默，热情友好。在主人或主宾致辞时，宾客应停止交谈，不要吸烟，更不应该埋头进餐，不注意倾听致辞是不礼貌的。

2. 在内容上，致辞一般要表达对客人的欢迎之情、依依惜别之情，或追忆与客人友好合作的昔日往事，表示对客人的美好祝愿，并表达与客人长期合作的真诚愿望。可以根据所要表达的欢迎、欢送或祝愿、答谢等不同情感的需要，选择不同的表达内容。

3. 致辞的语言要热情友好，感情要真挚，字里行间都应注意传递友谊，切忌客套话连篇，给人造成虚伪的印象。篇幅要简短，结构要完整，措词要得体适度、不卑不亢、简洁清晰、朗朗上口。致辞时，要气宇轩昂、洒脱大方，表现出应有的气度。

（三）示例

在俄罗斯中国旅游年开幕式上的致辞

（2013年3月22日，莫斯科）

中华人民共和国主席　习近平

尊敬的普京总统，

女士们，先生们，朋友们：

在早春3月的美好时节，我们在这里隆重举行俄罗斯中国旅游年开幕式。我们大家心中都有一个美好的期盼，就是希望俄罗斯中国旅游年活动能够像春天一样百花齐放、姹紫嫣红。

首先，我谨代表中国政府和人民，并以我个人的名义，向友好的俄罗斯政府和人民，向支持和协助举办中国旅游年的俄罗斯朋友们，表示衷心的感谢！

中俄两国山水相连，是好邻居、好伙伴、好朋友。亲仁善邻，国之宝也。我和普京总统一致决定，把扩大各领域务实合作作为今后两国关系发展的重点，为提高两国人民生活水平和质量提供重要推动力。

旅游是传播文明、交流文化、增进友谊的桥梁，是人民生活水平提高的一个重要指标，出国旅游更为广大民众所向往。旅游是综合性产业，是拉动经济发展的重要动力。旅游是修身养性之道，中华民族自古就把旅游和读书结合在一起，崇尚"读万卷书，行万里路"。

俄罗斯是旅游大国。古老的文明和灿烂的文化在世界上独树一帜，快速发展的现代风貌吸引着世人眼球，伏尔加河、乌拉尔山、贝加尔湖的美丽风光享誉世界，莫斯科、圣彼得堡、叶卡捷琳堡、索契等城市的独特魅力备受青睐。我记得，中方去年拍摄了《你好，俄罗斯》百集电视专题片，展现出俄罗斯秀丽的自然风光和各民族的多彩风情。去年，中国俄罗斯旅游年成功举办，中国赴俄罗斯旅游人数增加46%，两国双向往来330万人次。中国成为俄罗斯第二大旅游客源国，俄罗斯则是中国第三大旅游客源国。

中国是拥有5 000多年历史的文明古国，又是充满发展活力的东方大国，旅游资源得天独厚，被列入世界文化和自然遗产的就有40多处。中华书画、京剧、中医等传统文化博大精深，雄伟壮丽的三山五岳、气势磅礴的万里长城、独一无二的兵马俑、享誉世界的少林寺、阳光明媚的热带海滩等自然和人文景观异彩纷呈。中国已成为全球第三大入境旅游接待国和出境旅游消费国。希望双方以举办旅游年为契机，把旅游合作培育成中俄战略合作的新亮点。

旅游是增强人们亲近感的最好方式。我听说，2012年7月19日，到俄罗斯参加"你好，俄罗斯"旅游交流活动的1 100名中国游客，齐聚莫斯科宇宙酒店音乐厅，俄罗斯艺术家为中国游客表演了精彩的节目，当《莫斯科郊外的晚上》熟悉的旋律响起时，全场中俄观众共同引吭高歌，勾起了大家心中最美好的回忆。同年9月底至10月初，应北京市政府之邀，50个俄罗斯家庭到北京参加民宿交流活动,住在北京普通市民家中,中方接待家庭对能在自己家里接待俄罗斯家庭表现出了强烈的愿望,很多家庭由于没有得到接待机会而深感遗憾。这些中俄家庭就像亲人一样一起生活,结下了深厚友谊,分别时都依依不舍。我相信,他们都会把这一段美好的经历永远珍藏在心中。

女士们、先生们!

"有朋自远方来,不亦乐乎!"中国人民正致力于建设美丽中国。今晚开幕式文艺演出的主题就是"美丽中国"。我代表热情好客的中国人民,盛情邀请俄罗斯朋友们来中国旅游,欢迎你们到中国做客,观赏自然风光,体验中华文明,增进人民友谊。

谢谢大家!

第二节 电子文书礼仪

一、传真礼仪

在日常工作中,秘书经常要收发传真。传真,又叫作传真电报。它是利用光电效应,通过安装在普通电话网络上的传真机,对外发送或接收文件、书信、资料、图表、照片真迹的一种现代化的通信联络方式。传真的主要优点是操作简便、传送速度快,而且可以将包括一切复杂图案在内的真迹传送出去;缺点主要是发送的自动性能较差,需要专人在旁边进行操作,有时难以确保清晰度。

使用传真的注意事项:

1. 应将本单位的传真机号码准确无误地告知重要的交际对象;发送传真时,必须按规定操作,并以提高清晰度为要旨;传真内容应简明扼要,以省费用。

2. 发送传真时要先仔细查阅相关资料,传真内容应当包括发件人的信息、所传真文档的日期和页数,还要写清楚接收人的全名并留下发件人的姓名和联系方式,以便对方反馈信息;如果是重要的文件,发传真之前最好先电话联系,发完之后应该主动打电话确认对方是否收到。

3. 使用传真设备,最看重的是其时效性。因此在收到传真后,应当在第一时间采取适当的方式告知对方,以免对方惦念不已;需要办理或转交、转送他人发来的传真时,千万不可拖延时间,耽误对方的要事;若有必要,要给对方回电话确认,并可就其中未尽事宜向对方进一步咨询;如果是共用的传真机,应及时将传真转给对方注明的接收者。

4. 当你有一份很长的传真需要发出去,而轮候在你之后的同事只需传真一两页时,应让同事先用;如果遇到传真纸用完的情况,应及时更换新传真纸;如果传真机出现故障,应及时找出原因,先处理好再离开,如不懂修理,则请别人帮忙,不要把问题留给下一个同事。

5. 接收或发送传真时，若需要进行人工呼叫，在接通电话时应先说"你好"，然后报出自己的公司名称、详细的部门名称等；通话时，语气要热诚，口音要清晰，语速要平缓，语言要简洁、得体、准确，音调适中，态度自然。

6. 传真完毕后，不要忘记将原件拿走，否则容易丢失原稿或走漏信息，给自己带来不便；另外，在公司里一般不要发送私人传真。

二、电子邮件礼仪

一般电子邮件的文体格式类似于书面信件的文体格式，但比书面信件随意。如电子邮件的开头也有问候语，但是问候语的选择较书面信件要自由一些；结尾也可以略微随意。但若是非常正式的邮件，则要严格按照书面信件的格式来书写。

（一）内容与格式

1. 主题

主题是收件人首先了解的邮件信息，因此要提纲挈领、清晰明了，从而让收件人迅速了解邮件内容并判断其重要性，给予相应的处理。添加邮件主题也是电子邮件和书面信件的主要不同之处。特别是回复的邮件，一定重新添加、更换邮件主题，最好写上公司名称和年、月、日，以便对方一目了然，同时又便于存档。

2. 称呼

在邮件开头要尊称收件人的姓名，通常称呼"×先生"、"×小姐"即可；若对方有职务，则应按职务尊称对方，如"×经理"；对不熟悉的人不宜直接称呼其英文名，对级别高于自己的人也不宜称呼英文名；不能将所有的人都称为"Dear ×××"；在有多个收件人的情况下可以称呼"大家"、"All"；在邮件末尾应注明寄件人的姓名和通信地址、电话，以方便对方联系。

3. 问候语

最简单的开头是"Hi"或者"您好"；结尾英文写"Best Regards"、中文写"祝您顺利"之类的话语即可。俗话说"礼多人不怪"，多注重礼貌一些，那么，即便邮件中有些地方不妥，对方也能平静地看待。

4. 结尾签名

在邮件的末尾最好注明自己的姓名。可在结尾处添加个人签名档，这样对方可以清楚地知道发件人的信息。签名档的字体应与正文字体匹配，以免出现乱码；字号一般应比正文字号小一些。

5. 附件

如果邮件带有附件，则应在正文里提示收件人查看附件；附件应以有意义的名字命名，不要使用别人看不懂的文件名；正文中应对附件内容作简要说明，特别是在带有多个附件时；附件数目不宜超过 4 个，数目较多时应压缩成一个文件；如果附件是特殊格式的文件，则应在正文中说明打开方式，以免影响使用；如果附件过大，应分割成几个小文件分别发送。

6. 字体及字号

中文一般采用宋体或新宋体，英文一般采用 Verdana 或 Arial 字体；字号则通常采用五号或 10 号字。经研究证明，这些是比较适合在线阅度的字体和字号。

(二) 注意事项

1. 标题

标题一定不要空白，这是最失礼的；要简短，不宜冗长；要能概括邮件的内容和重要性，切忌使用含义不清的标题，如"王先生收"；可适当使用大写字母或特殊字符（如"＊"、"！"等）来突出标题，引起收件人注意，但应适度，也不要轻易使用"紧急"之类的字眼；另外，最好不要使用背景信纸，公务邮件尤其要注意这一点。

2. 正文

正文应简明扼要、行文通顺。一封邮件尽可能只针对一个主题，不要谈及多件事情。如果具体内容确实很多，正文应只作摘要介绍，然后单独写一个文件进行详细描述，将其作为附件发送。正文尽量使用简单的词汇和短句，表达应力求准确清晰。最好在邮件中一次把相关信息全部说清楚、说准确，不要过一两分钟之后再发一封"补充"或者"更正"之类的邮件，这会让人很反感。

3. 邮件回复

收到邮件应及时回复。在邮件中答复问题的时候，最好把相关的问题抄到回复的邮件上，再附上答案；不要用自动回复健，那样会把来件所有内容都复制到回件中；也不要使用模棱两可或笼统的答案来回复对方，给人以敷衍之感。回复或者转寄邮件要慎重，对于邮件里的每个字、句的意思都要仔细权衡，考虑是否对公司不利。邮件不可轻易转发给他人，对别人意见的评论也必须谨慎而客观。

4. 拼写

避免拼写错误和错别字，注意使用拼写检查功能。在邮件发送之前，务必自己仔细阅读一遍，检查行文是否通顺、拼写是否正确。不要轻易使用"：）"之类的笑脸字符，会显得比较轻佻，工作邮件以严肃庄重为主。

5. 合理提示

不要动不动就采取字母大写、使用粗体或斜体字、改变字体颜色、加大字号等手段对一些信息进行提示。对一些重要信息进行合理的提示是必要的，但过多的提示则会让人抓不住重点，影响阅读。可以合理利用图片、表格等形式来辅助阐述。

6. 语言的选择

如果收件人中有外籍人士，应该使用英文交流；如果收件人是其他国家或地区的华人，也应采用英文交流。由于存在中文编码的问题，你的中文邮件在其他国家或地区可能会显示成乱码"天书"。此外，应尊重对方的习惯，不主动发起英文邮件。如果对方与你的邮件往来采用的是中文，不要自作聪明地发送英文邮件给对方。对于一些信息量丰富或重要的邮件，建议使用中文。

7. 结尾签名

在电子邮件末尾加上签名档是必要的。签名档可包括姓名、职务、公司、电话、传真、地址等信息，但一般不超过4行；引用一个短语作为签名的一部分是可行的，比如你的座右铭或公司的宣传口号，但是要分清收件人对象与场合，切记一定要得体；不要只用一个签名档，对内、对私、对熟悉的客户等，应该使用简化的签名档，过于正式的签名档会显得疏远，可在Outlook中设置多个签名档，灵活调用。

【思考题】

1. 公司将举行答谢员工的晚会，要求你为领导写一篇在晚会上的发言稿，你该怎么写呢？

2. 公司在筹备开业典礼，应该怎么设计邀请函？

3. 为推动市委、市政府创建国家环保模范城市的工作，市宣传部需要在当地晚报刊登一则公益广告语征集启事，试写这则启事。

4. 政府某部门将举行新年茶话会，领导的致辞该怎么写？

第六章 办会礼仪

会议是人们在特定的时间、地点聚在一起议论、研究、决定某一问题或举行某项特定活动的集会,包括工作例会、报告会、论坛、研讨会、发布会等。

会议的目的是实现面对面的沟通,提高工作效率。保持良好的会议风范,既是尊重自己,也是尊重别人。

秘书办会的礼仪主要包括会议筹备礼仪、会中及会后服务礼仪和专项会议礼仪。

第一节 会议筹备礼仪

一、会议布置礼仪

(一) 会场的选择

会场的选择直接关系到会议的风格、形式、规模、预算和档次,也是随后进一步策划会议方案的基础,选择一个能让会议组织者和与会者都满意的会议场所非常重要。面对众多的场所,到底应该怎样去选择呢?

1. 列出可供选择的清单

制作一个会议场所清单表,上面注明会议要求的所有重要条件,便于进行各个场所的比较和选择。

2. 根据清单综合考虑会议类型与场所的搭配

研究和开发会议需要有利于沉思默想、灵感涌现的环境;重大的奖励、表彰型会议的场所一定要有档次,要引人入胜;对于交易会和新产品展示会,则需要选择有展示空间的场所,会场交通必须便利等。

3. 亲临现场实地考察

考察场地非常重要,要作好充分的准备,约见会议方及场地方能做决策的人,这样有利于解决以后可能出现的交易问题。要对会议的重要流程和环节做到心中有数,在考察场地的时候,能问到的问题越多,今后出现风险的概率就越低。

4. 会议地点选择的要求

(1) 交通便利。

（2）会场的大小应与会议规模相符。

（3）场地要有良好的设备配置。

（4）场地应不受外界干扰。

（5）选择会议地点应考虑有无停车场所。

（6）场地租借的成本必须合理。

（二）会议环境布置

会议环境布置是指对会场的内外布置。通过会议环境布置，可以营造和渲染出特定的会议气氛，使与会者在最短的时间内全身心地投入到会议中去。

1. 会场环境布置

大型会议一般应在场内悬挂关于会议的主题横幅，如"热烈庆祝××会议顺利召开"；同时，在门口悬挂或张贴表示欢迎的标语，如"热烈欢迎参加××会议的参会人员"；若有上级部门的重要领导来参会，标语还可以写成"欢迎××领导莅临××指导工作"。

不同的会议要求有不同的会场气氛。如果是庆祝会，应布置得喜气洋洋；如果是座谈会、协商会，则应体现出平等、和谐的氛围。会场气氛主要通过会场上的会标、标语、会徽、旗帜、花卉、彩灯等体现。在布置时，应注意这些物品的色彩搭配及摆放位置的协调性。如果是庆祝、表彰等的会议，会场内可以摆放鲜花、盆景，营造喜庆、轻松的气氛；如果是较严肃、庄严的会议，主席台上可以悬挂国旗或国徽。

通常较正式的会议都需摆放茶杯、饮料，并且要摆放得整齐、美观。

2. 会议座次安排

公司会议，特别是大中型会议，都有一套完整的工作流程，它保证了会议管理的科学性和规范性。会议座次的安排是会议活动开展的重要前提。举行正式会议时，通常应事先排定与会者，尤其是其中身份重要者的具体座次。越是重要的会议，其座次排定往往就越受到社会各界的关注。在实际操办会议时，由于会议的具体规模多有不同，因此具体的座次排定便存在一定的差异。

（1）小型会议座次安排

15—20 人的小型会议，如工作周例会、月例会、技术会议、董事会等，其会场可以布置成圆桌型或者方桌型，使领导和会议成员可以互相看得见，大家可以无拘无束地自由交谈。这种形式的主要特征是全体与会者均应排座，不设立专用的主席台。小型会议的座次安排，目前主要有以下三种具体形式。

① 面门设座。一般以面对会议室正门之位为会议领导之座，即尊位。通常会议领导坐在离会议门口最远的桌子的末端。领导两边是参加公司会议的客人和拜访者的座位，或是给高级管理

人员、助理坐的，以便他们能帮助领导分发有关材料、接受指示或完成领导在会议中需要做的事情。

② 依景设座。所谓依景设座，是指会议领导的具体座位不必面对会议室正门，而是应当背依会议室之内的主要景致之所在，如字画、讲台等。

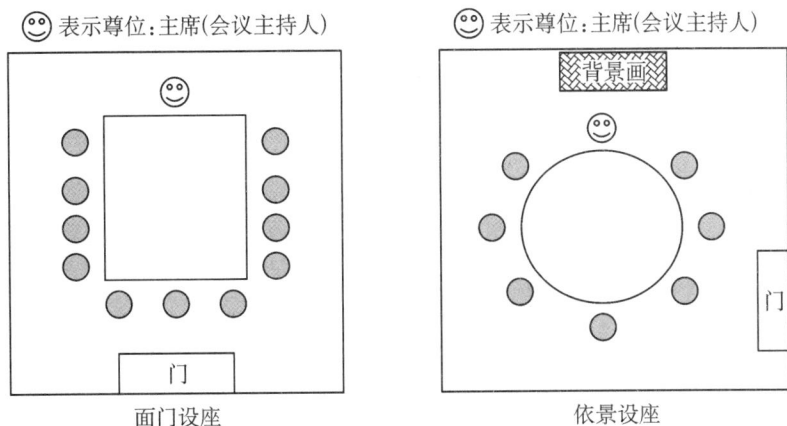

面门设座　　　　　　　　　依景设座

③ 自由择座。基本做法是不安排固定的具体座次，而由全体与会者自由选择座位就座。

（2）大型会议座次安排

大型会议一般是指与会者众多、规模较大的会议，如企业职工代表大会、报告会、经验交流会、新闻发布会、庆祝会。其最大特点是会场上应分设主席台与群众席，对于前者必须认真排座，对于后者的座次则可排可不排。

① 主席台排座

大型会场的主席台一般应面对会场主入门。主席台上就座之人通常应当与群众席上就座之人呈面对面之状。在主席台每一名人员面前的桌上，均应放置双向的桌签。主席台排座，具体又可分作主席团排座、主持人排座、发言者排座等三个不同方面的问题。

主席团排座：主席团，是指在主席台上正式就座的全体人员。按照国际惯例，排定主席团座次的基本规则有三：一是前排高于后排，二是中央高于两侧，三是右侧高于左侧。判断左右的基准是顺着主席台上就座的视线，而不是观众视线。

主持人排座：会议主持人，又称大会主席。其具体位置之所在有三种方式可供选择：一是居于前排正中央；二是居于前排的两侧；三是按其具体身份排座，但不宜令其坐于后排。

发言者排座：发言者席位，又叫作发言席。在正式会议上，发言者发言时不宜坐于原处。发言席的常规位置有两种：一是主席团的正前方，二是主席台的右前方。

② 群众席排座

在大型会议上，主席台之下的一切座席均称为群众席。群众席的具体排座方式有两种。

自由择座：即不进行统一安排，而由大家各自择位而坐。

按单位就座：指与会者在群众席上按单位、部门或者地位、行业就座。它的具体依据，既可以是与会单位、部门的汉字笔画的多少或汉语拼音字母的排序，也可以是其平时约定俗成的序列。按单位就座时，若分为前排、后排，一般以前排为高，后排为低；若分为不同楼层，则楼层越高，排序便越低。在同一楼层排座时，又有两种普遍通行的方式：一是以面对主席台为基准，自前往后进行横排；二是以面对主席台为基准，自左而右进行竖排。

二、会议筹备礼仪

会议是任何一个组织都必不可少的活动。在办会过程中，从环境布置到会议服务，对于各个环节的一些特定的礼仪规范，秘书及相关人员都必须进行周全的考虑和周密的安排。

（一）确定接待规格，拟定详细的接待方案

会议的接待规格需要根据会议的规模、种类、主题以及参加会议的主要来宾的身份等来确定。

会议接待方案主要包括：接待对象和目的、接待方针、接待规格、接待内容、接待日程、接待地点、接待任务的具体分工情况、接待经费等。

（二）确定邀请对象，发放会议通知和日程

会议的邀请对象一般应根据会议的内容和要求来确定，要多征求各部门和领导的意见，不能独断专行，更不能出现差错。大型会议覆盖面广，如可以对外宣传，还应邀请媒体记者来参加，以增强会议的透明度。

从礼仪角度来看，为了使与会者能从容赴会，避免一些不必要的麻烦，需要拟定一份详尽的会议通知，通常包括如下内容：会议名称、时间、地点、与会人员、议题及要求等，同时要特别交代清楚交通路线或附上交通路线图、材料准备要求、相关费用等。

如果是重要的会议，在通知之后应附回执，据此可以确定具体的参会人员名单。

普通的会议或临时性的会议可以通过打电话来通知参会单位或人员，但对于重要的会议，必须要有书面的正式通知，并提前发出通知。对不是直接送达而是通过投递的方式送出的通知，需打电话确认收到与否，以免误事。

（三）准备会议文件资料

会议所需的文件资料均应在会前准备好，主要包括议程表和日程表、会场座位分区表、主席台及会场座次表、主题报告、领导讲话稿、开幕词和闭幕词、其他会议材料等。会后补发材料是不符合礼仪规范的。

第二节 会议服务礼仪

一、签到服务

会议签到是会议开始之前的一个重要流程。较正式的会议都设有签到处,通常是在会场外较醒目的地方设置签到台,备好签到簿、签字笔,配备接待人员为参会人员提供礼貌服务。如准备有资料需发放的,由接待人员双手递上。

会议签到的形式主要有簿式签到、证卡签到、电脑签到等,不同的签到形式适用的会议规模也不同。

(一)簿式签到

簿式签到指与会人员在会议工作人员预先备好的签到簿上按要求签署自己的姓名,表示到会。签到簿上的内容一般有姓名、职务、所代表的单位等,与会人员必须逐项填写,不得遗漏。簿式签到的优点是利于保存、便于查找;缺点是这种方法只适用于小型会议,对于一些大型会议,参加会议的人数很多,采用簿式签到就不太方便。

(二)证卡签到

证卡签到指会议工作人员事先将印好的签到证(卡)发给每位与会人员,签到证(卡)上一般印有会议的名称、日期、座次号、编号等,与会人员在签到证(卡)上写好自己的姓名,进入会场时,将签到证(卡)交给会议工作人员,表示到会。其优点是比较方便,避免临开会时签到造成拥挤;缺点是不便保存查找。证卡签到多用于大中型会议。

(三)电脑签到

电脑签到快速、准确、简便,参加会议的人员进入会场时,只要把特制的卡片放到签到机内,签到机就会自动读取与会人员的姓名、号码,一个人的签到手续在几秒钟内即办完,到会结果由计算机准确、迅速地显示出来。电脑签到是先进的签到手段,一些大型会议都采用电脑签到。

二、引导服务

与会人员签到后,会议接待人员应热情礼貌地根据与会人员的身份将其引入会场指定位置就座,引导需注意相关的礼仪规范并面带微笑,体现对来宾的尊重、友好和欢迎。

如果是重要领导,则可先引入休息室,由单位领导陪同,待会议正式开始前几分钟再引入主席台就座。

(一)引导位置的礼仪

接待人员站在来宾的左前方,距来宾 0.5—1.5 米,传达"以右为尊,以客为尊"的理念。三人并行时,通常中间的位次最高,内侧的位次居次,外侧的位次最低,此时应该站在中间领导的左前侧指引。

（二）上下楼梯的引导礼仪

引导客人上楼时,应让客人走在前面,接待人员走在后面;下楼时,应该由接待人员走在前面,客人走在后面。上下楼梯时,应注意客人的安全。

（三）电梯的引导礼仪

引导客人乘坐电梯时,接待人员先进入电梯,等客人进入后关闭电梯门,到达时,接待人员按"开"的按钮,让客人先走出电梯。

（四）引导入座的礼仪

引导入座要注重手势和眼神的配合,同时还要观察客人的反应。例如指示给客人某个固定的座位,说明之后,要用手势引导,在固定的位置处加以停顿,同时观察客人有没有理解。这个过程体现出肢体语言的美,同时还要说"请这边坐"等敬语。

三、会中服务

（一）主席台服务

1. 明确主席台人数和各排人数、主要领导的座位和生活习惯、招待标准和工作要求。按人数配齐桌椅,摆放茶垫、茶杯(加好茶叶)、烟缸、毛巾盘、名签座、便签、铅笔等,要求距离一致、整齐划一。茶垫和茶杯的花纹要正对客人,茶杯把手向里,略有斜度。

2. 会前十五分钟,服务员从最后一排开始,按顺序依次斟倒茶水。倒水时步态平稳、动作协调,左手小拇指与无名指夹住杯盖,右手提暖瓶将水徐徐斟入杯中,再盖上杯盖。

3. 领导到达会场后,要安排在休息室稍候,逐一核实,并告知上台后所坐方位。如主席台人数很多,还应准备座位图。如临时有变化,应及时调整座次、名签,防止主席台上出现名签差错或领导空缺。

（二）会中后勤服务

会中斟倒茶水从右边开始(领导先开始,顺时针方向进行),注意壶嘴不要对着客人,要从客人右边倒;第一次隔三十分钟续水,以后每四十分钟续水一次;倒水时注意不要倒太满,以七八分满为宜;端放茶杯动作不要过高,更不要从客人肩部和头上越过;续水时不要把壶提得过高,以免开水溅出;不要不端茶杯直接倒水或把杯盖扣放在桌上;注意杯盖的内口不要直接与桌面接触,应将其倒放在桌上,倒水时手指也不能接触到杯口上;倒水时要轻,不要将茶水溅到桌上,更不能溅到与会者的身上,这是非常没有礼貌的。如果参会人员还有其他的需求,应尽力热情帮助并提供周到的服务。

会中阶段,秘书除了进行各种服务工作外,还要接受会中反馈信息,及时处理各种突发状况。这要求秘书必须具备良好的政治素质、较强的应变能力和高度的责任心。此阶段的有关工作同样实行明确分工、层层负责制。要确定各小组乃至每个人的任务,标明完成时间,在每天会议结束后集中核对各项工作的完成情况,交流会中出现的新情况,以便对第二天的会议进行适当调整。

四、会后工作

会议日程上的主要内容进行完毕后,标志着会议基本结束。但会议结束并不意味着工作就此完结,而是由会中服务阶段转入会后总结阶段。该阶段的工作任务仍很繁重,需认真地完成,做到"有始有终"。会后总结工作主要包括送别会议代表与会场善后、整理会议文件以及会务总结反馈。

（一）送别会议代表与会场善后

与会人员的车票或机票已事先订好,会务人员此时需要做的就是安排好车辆,确保与会人员安全到达车站或机场。之后,要做好会场善后工作,包括及时清理会场,带回剩余材料、席卡,清退客房和会议用房,归还借用的物品,结算账目并向财务部门报销等。

（二）整理会议文件

整理会议文件的首要工作是收集文件。会前准备并分发的文件、会议期间产生的文件和会后产生的文件都是需要收集的文件。完成收集工作后,就要对会议文件进行立卷归档。归档后应交有关人员保管,不要保留在个人手中。

（三）会务总结反馈

会后工作的重点是会务总结反馈。上述工作都完成后,要对本次会议工作进行一次认真的总结,肯定成绩,分析不足,表扬有功人员,向支持会议工作的有关部门表示感谢,布置会议精神贯彻执行情况的检查、反馈工作。通过会议工作总结,积累会议工作经验,提高会务人员综合能力,培养互相配合、协同合作的良好作风。

现代社会是一个充满变革的社会,会议作为一种社会现象,也处在不断变革与发展之中。要想开好会,会务工作起着至关重要的作用。成功的会务安排会使会议开得圆满成功,反之,则会使会议达不到预定的效果。因此,会务工作的相关理论和技巧是所有秘书必须掌握的。

第三节　新闻发布会礼仪

新闻发布会,简称发布会,也称记者招待会,是一种主动传播各类有关信息,谋求新闻界对某一社会组织或某一活动、事件进行客观而公正的报道的有效的沟通方式。对商界而言,举办新闻发布会是协调与新闻媒介之间的关系的一种最重要的手段。新闻发布会礼仪至少包括会议的筹备、媒体的邀请、开会时的礼仪规范、会后礼仪规范等四个主要方面的内容。

一、会议的筹备··

筹备新闻发布会要做的工作很多,主要包括主题的确定、时空的选择、人员的安排、材料的准备等事项。

(一)主题的确定

企业决定召开新闻发布会之后,应首先确定新闻发布会的主题。新闻发布会的主题是指新闻发布会的中心议题。一般而言,新闻发布会的主题有三类:一类是说明某一活动;一类是发布某一消息;还有一类是解释某一事件。

具体而言,企业推出新举措、新产品、新技术或者新服务,企业开业、扩建、关闭或遭遇重大事故、遭到社会的误解或批评等,通常都是新闻发布会的主题。

(二)时空的选择

新闻发布会时空的选择通常是指时间和地点的选择。对这两个问题不加重视,即便主题再好,新闻发布会也往往难以奏效。

1. 时间的选择

一般来说,新闻发布会应限制在2小时以内。具体而言,在选定新闻发布会时间时要考虑以下几个因素:一是要避开节日和假日;二是要避开本地的重大活动;三是要避开其他单位的新闻发布会;四是要避免与新闻界的宣传报道重点撞车。

通常认为,举行新闻发布会的最佳时间是周一至周四上午的9点至11点,或是下午的3点至5点左右。在这两个时间段内,绝大多数人都方便参会。

2. 地点的选择

新闻发布会除了在本单位或事件所在地举行外,还可考虑租用宾馆、饭店举行。如果希望造成全国性的影响,则可在首都或某一大城市举行。发布会现场应交通便利、环境舒适、大小合适。会议地点确定后,应对其进行实地考察,在会议召开前应认真进行会场布置。会议桌最好不用长方形桌,而用圆形桌,大家围成一个圆圈,显得气氛和谐、主宾平等,当然这只适用于小型会议;大型会议应设主席台席位、记者席位、来宾席位等。

(三)人员的安排

新闻发布会的人员安排关键是要选好主持人和发言人。主持人应由主办单位的公关部长、办公室主任或秘书长担任,其基本条件是仪表堂堂、年富力强、见多识广、反应灵活、语言流畅、幽默风趣,善于把握大局、引导提问和控制会场,具有丰富的会议主持的经验。发言人由主办单位的主要负责人担任,除了在社会上口碑较好、与新闻界关系较为融洽之外,对其基本要求是修养良好、学识渊博、思维敏捷、能言善辩、彬彬有礼。

新闻发布会还要精选一批负责会议现场工作的礼仪接待人员,一般由相貌端正、工作认真负责、注重礼仪规范的年轻女性担任。

值得注意的是,所有出席新闻发布会的人员均需佩戴事先统一制作的胸卡,胸卡上要写清姓名、单位、部门与职务。

（四）材料的准备

在举行新闻发布会之前,主办方要事先准备好以下材料。

1. 发言提纲

发言提纲是发言人在新闻发布会上进行的正式发言的提要,它要紧扣主题,体现全面、准确、生动、真实的原则。

2. 问答提纲

为了使发言人在现场正式回答提问时表现自如,可在对被提问的主要问题进行预测的基础上,形成问答提纲及相应答案,供发言人参考。

3. 报道提纲

事先必须精心准备一份以有关数据、图片、资料为主的报道提纲,并打印出来,在新闻发布会上提供给记者。在报道提纲上应列出本单位的名称、联系方式等,便于日后联系。

4. 形象化视听材料

形象化视听材料包括图表、照片、实物、模型、录音、录像、影片、幻灯片等,这些材料供与会者利用,可增强新闻发布会的效果。

总之,主办单位应为记者的采访提供各种便利条件,包括选择交通便利、环境清静整洁的地点;提供齐全的设备(如电话、传真机、打印机、扩音设备等);桌椅的设置应便于记者作汇录;准备好有关的材料供记者作参考(如宣传材料、照片、实物、模型等);以及配合新闻发布会,组织记者进行现场参观,给记者创造实地采访、摄影、录音、录像的机会。

二、媒体的邀请

在新闻发布会上,主办单位的交往对象以新闻界人士为主。在邀请新闻界人士时,必须有所选择、有所侧重,否则就难以保证新闻发布会取得成功。媒体邀请的技巧很重要,既要吸引记者参加,又不能过多地透露将要发布的新闻。在媒体邀请的数量上,既不能过多,也不能过少。一般企业应该邀请与自己联系比较紧密的商业领域的记者参加,必要时,如事件现场气氛热烈,应关照平面媒体记者与摄影记者一起前往。

发出邀请的时间一般以提前 3—5 天为宜,新闻发布会前一天可作适当的提醒。对于联系比较多的媒体记者,可以采取直接电话邀请的方式,对于不是很熟悉的媒体或发布内容比较严肃、庄重时,可以采取书面邀请的方式。

适当地制造悬念可以引起记者对新闻发布会的兴趣。一种可选的方式是开会前不透露新闻,给记者一个惊喜。"我要在第一时间把这消息报道出来"的想法促使很多媒体都在赶写新闻。如果事先把新闻透露出去,用记者的话说就是"新闻资源已被破坏"。看到别的报纸已经报道出来了,媒体进行新闻报道的热情会大大减弱,甚至不想再报道。无论一个企业与某些报社的记者多么熟悉,在举行新闻发布会之前,重大的新闻内容都不可以透漏出去。

在邀请记者的过程中必须注意,一定要邀请新闻记者,而不能邀请媒体的广告业务人员。有时,广告业务人员希望借助新闻发布会的时机进行业务联系,并作出可帮助发稿的承诺,此时也必须进行回绝。

三、开会时的礼仪规范

开会时,应当由主持人介绍新闻发布会的基本情况,并向记者介绍发布新闻的有关人士,接着由主要发言人发布有关新闻。新闻发布完毕后,记者开始提问,由主要发言人及有关人士答问。

在新闻发布会举行的过程之中,往往会出现各种不确定的问题。要应付这些难题,除了要求主办单位的全体人员齐心协力、密切合作之外,更重要的是要求代表主办单位的主持人、发言人善于沉着应变、把握全局。为此,主持人、发言人需要牢记以下几个要点。

(一)要注意外表的修饰

在新闻发布会上,代表主办单位的主持人、发言人往往被媒体视为主办单位的化身和代言人。按照惯例,主持人、发言人要进行必要的化妆,并且以淡妆为主,发型应当庄重而大方。男士着深色西装套装、白色衬衫、黑袜黑鞋,并且打领带。女士则宜穿单色套裙、肉色丝袜、高跟皮鞋。服装必须干净、挺括,一般不宜佩戴首饰。面对媒体时,主持人、发言人要做到举止自然大方,面含微笑、目光炯炯、表情松弛、坐姿端正。

(二)要注意相互配合

不论是主持人还是发言人,在新闻发布会上都是一家人,因此主持人与发言人必须保持统一的口径,不能公开顶撞、相互拆台。当媒体提出的某些问题过于尖锐或难以回答时,主持人要想方设法转移话题,不使发言人难堪。而当主持人邀请某位新闻记者提问之后,发言人一般要给予对方适当的回答。

主持人要做的主要是主持会议、引导提问；发言人要做的则主要是进行主旨发言、答复提问。有时，在重要的新闻发布会上，为慎重起见，主办单位往往会安排数名发言人同时出场。若发言人不止一人时，事先必须进行好内部分工。当数名发言人到场时，只需一人进行主旨发言即可。

(三) 要注意语言艺术

新闻发布会上主持人、发言人的言行都代表着主办单位。所以，必须注意自己说话的分寸。

1. 简明扼要

不管是发言还是答问，都要条理清楚、重点集中，让人既一听就懂，又难以忘怀。不要卖弄口才，口若悬河。

2. 提供新闻

新闻发布会自然要有新闻发布，媒体就是特意为此而来的，所以在不违法、不泄密的前提下，要善于满足对方在这一方面的要求，要在讲话中表达自己的独到见解。

3. 生动灵活

适当地采用一些幽默风趣的语言、巧妙的典故也是必不可少的。

例如一位国家领导人在一次中外记者会上，谈及应对国际金融危机问题时，引用了唐代诗人杜审言《春日京中有怀》中的诗句"莫道今年春将尽，明年春色倍还人"，以此表达对中国金融和经济的形势会越来越好的期待。

4. 温文尔雅

新闻记者大都见多识广，加之又是有备而来，所以他们在新闻发布会上经常会提出一些尖锐而棘手的问题。遇到这种情况时，发言人能答则答，不能答则应当巧妙地避实就虚。

无论如何，都不要恶语相加，甚至粗鲁地打断对方的提问。吞吞吐吐、张口结舌也不会给人以好的印象。

四、会后礼仪规范

新闻发布会举行完毕后，主办单位应在一定的时间内对其进行一次认真的评估善后工作，主要包括以下两个方面。

(一) 整理会议资料

整理会议资料有助于全面评估新闻发布会的效果，为今后举行类似新闻发布会提供借鉴。

新闻发布会后要尽快整理出会议记录材料，对新闻发布会的组织、布置、主持和回答问题等方面的工作进行回顾和总结，从中吸取经验，找出不足。

(二) 收集各方反应

首先，要收集与会者对会议的总体反应，检查在接待、安排、服务等方面的工作是否有欠妥之处,以便今后改进。

其次,要收集新闻界的反应,了解与会的新闻界人士中有多少人为此次新闻发布会发表了稿件,并对其进行归类分析,找出舆论倾向。同时,对各种报道进行检查,若出现不利于本单位的报道,应作出良好的应对策略。若发现不正确的或歪曲事实的报道,应立即采取行动,说明真相。如果是由于己方的失误所造成的问题,应通过新闻机构表示谦虚接受并致歉,以挽回声誉。

再次,对正确地报道了主办单位有关信息的记者和新闻单位,应通过电话或书信表示谢意。

【思考题】

1. 小型会议座次安排的礼仪要求有哪些?

2. 在会议召开期间,秘书如何做好引导服务?

3. 在会务前期准备工作中,选择会场需要注意哪些方面的要求?

4. 会议举行过程中秘书应注意哪些礼仪规范?

5. 要想安排一次成功的大型会议,应从哪些方面着手准备?

第七章 商务礼仪

第一节 接待礼仪

商务接待是最常见的商务活动之一，秘书是代表企业接待来客的，其接待态度如何，直接影响着企业的形象，决定了来客对企业的印象，关系着业务能否顺利进行。所以，秘书应当尽量做到让每一位来客满意而归，这就得掌握接待的基本礼仪。

一、接待前的准备

接到来客通知后，接待工作就开始进入准备阶段。这是整个接待工作的重要环节，一般应从以下几个方面来准备。

（一）掌握接待对象的基本情况

首先，要了解客人的单位、姓名、性别、民族、职业、级别、人数等。其次，要掌握客人的意图，了解客人的目的、要求以及在住宿和日程安排上的打算。再次，要了解客人到达的日期，所乘车次、航班和到达时间，然后将上述情况及时向主管人员汇报，通知有关部门和人员做好接待的各项准备工作。

（二）确定接待标准

应按照身份对等的原则，安排接待人员。对比较重要的客人，应安排身份相当、专业对口的人士出面迎送；亦可根据特殊需要或关系深浅程度，安排比客人身份高的人士破格接待。

（三）细致准备

在准备阶段要考虑到整个商务接待的过程，包括环境布置、通信设施、车辆安排、食宿安排等。布置良好的接待环境是对来宾尊重与礼貌的表示，例如，接待室的环境应该明亮、整洁、幽雅，配置沙发、茶几、衣架、电话等基础设施，以备接待客人、进行谈话和通信联络之用。要安排车辆做好迎宾、陪同、送别工作。要预先为客人准备好客房及膳食。

二、迎接客人礼仪

在商务往来中，对于如约而来的客人，特别是贵客或远道而来的客人，表示热情、友好的最佳方法,就是指派专人出面,提前到达双方约定的或者适当的地点,恭候客人的到来。

对于来自本地的客人,接待人员一般应提前在本单位驻地的大门口或办公楼下迎候。对于来自外地或海外的重要客人,接待人员应专程提前赶往机场、码头或火车站,迎接其到来。客人到达时,应主动上前对客人表示欢迎和问候,并就有关事宜进行简单的介绍,分别前应约好下次见面的时间及留下联系方法等。

乘车时座位的尊卑顺序以座位的舒适程度和上下车的方便程度为标准。比如,在有司机驾驶时,小轿车的座位以后排右侧为首位,左侧次之,中间座位再次之,前排右侧为末席,如图一所示。主人亲自驾驶迎接客人时,若客人只有一人,应坐在主人旁边;若同坐多人,座位的排序如图二所示。在接待团体客人时,多用旅行车接送,无论是司机驾驶还是主人驾驶,都应以前排为尊,后排依次递减;其座位的尊卑排序,从每排右侧往左侧递减。

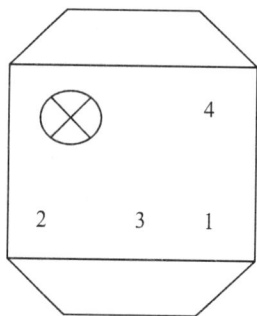

图一 司机驾驶时座位安排　　　　图二 主人驾驶时座位安排

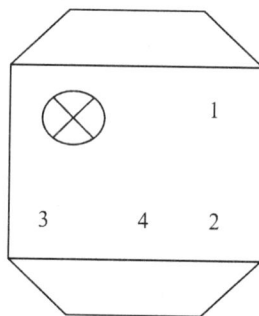

三、招待客人礼仪

在商务接待礼仪中,对来宾的招待乃是重中之重。当客人到达时,接待人员应立即停下手上的工作,主动向客人问好,确认访客所在单位、姓名、拜访对象、拜访事宜和目的。

(一)介绍礼仪

介绍应大方得体。介绍的原则是将级别低者介绍给级别高者,将年轻者介绍给年长者,将未婚者介绍给已婚者,将男性介绍给女性,将本国人介绍给外国人。握手要坚定有力,体现信心和热情,但不宜太用力且时间不宜过长,几秒钟即可。

(二)座位的安排

客户进房后,通常请客人坐上位——指离房门较远的位子,而离门口近的座位为下位。目前国际上通常认为右为上,因此入座时常请客人坐在主人的右侧。如客人是一对夫妇,则最好让他们坐在一起,而不要分开。一般来说,坐长沙发比坐单人沙发更显尊贵。当然,具体如何安排座位,要根据待客房间的环境、座位的优劣、用茶的方便及本单位的习惯综合考虑。

在请进、让座接待中,要同时有"请"、"让"的接待声音和相应的手势,并立即请客人落座。要根据实际情况选择座位较好的沙发、椅子。客人来到后,秘书的主要任务就是满足客人的需要,不要把客人冷落在一旁,要使客人感到你处处为他考虑。

(三)款待客人

客人落座后,接待人员应担负起招待的任务,首先应端茶递水,如果是盛夏,也可以送上清凉饮品,如有可能,可以提出几种饮品请客人选择。首次沏茶入杯不要倒得太满,通常七分满即可。送茶时最好使用托盘,将茶杯放入托盘内,以齐胸的高度捧进,先将托盘放在桌上,再取出茶杯,双手敬上,先宾后主,并轻声招呼:"请用茶!"

注意要将茶杯放在安全的地方,且杯耳朝着客人。如需要将茶壶放置在桌上,应将茶壶嘴对外而不能对人。退出时,通常手持托盘,面对客人倒退几步,离开客人的视线后再转身背对客人静静退出。如果送茶时房门已关,应先敲门,在得到允许后再开门,说声"对不起"再进屋。若客人停留时间较长,应随时主动为客人续水敬茶;续水时,要将茶杯拿离茶桌,以免倒在桌上或弄脏客人的衣服。

四、送客礼仪 ···

中国人常说:"迎人迎三步,送人送七步。"送别客人是接待工作最后的,也是非常重要的环节。不管前面的接待工作做得如何周到,如果最后的送别让客人备受冷落,整个接待工作就会功亏一篑。具体而言,送客时应注意如下礼仪。

(一)提出道别

在日常接待活动中,主客双方由谁提出道别是有讲究的。按照常规,道别应当由客人先提出来。假如主人首先与来客道别,难免会给人以厌客、逐客的感觉。

(二)送别用语

主客道别,彼此都会使用一些礼貌用语表达对对方的惜别之情,最简单、最常用的莫过于一声亲切的"再见"。除此之外,"您走好"、"有空多联系"、"多多保重"等也是得体的送别用语。

(三)送别的表现

客人告辞离开时,秘书一般只需起身将其送至门口,说声"再见"即可;如果上司要求你代其送客,则应视需要将客人送至相应的地点;如果是初次来访的贵客,则需陪伴对方到公司大楼底下;如果是常客,通常将其送至公司门口、电梯口;若将客人送至大门口或汽车旁,则应帮助客人提行李或稍重物品,并帮客人拉开车门。道别时应向客人挥手,目送客人离去。在送别的过程中,切忌流露出不耐烦、急于脱身的神态,以免给客人以匆忙打发他走的感觉。

第二节　拜访礼仪

拜访是指亲自或派人到私人家中或有业务联系的企业去拜见、访问某人的活动,是人们生活中最基本的交际形式,它为人们交流信息、沟通感情提供了最直接的途径。但是,由于拜访的目的、种类和形式不同,在拜访时间、地点及具体细节上也有不同的要求。为了增进了解、建立友谊和维护友谊,秘书必须注意拜访的礼仪。

一、拜访的类别

(一) 根据拜访者的不同目的划分

根据拜访者的不同目的,拜访可分为事务性拜访和礼节性拜访。

1. 事务性拜访。事务性拜访是指为了某一具体的事务、公务或私事而进行的有特定目的的拜访。这类拜访又有洽谈性拜访和专题交涉性拜访之分。拜访的具体时间应根据事务的性质,选择在双方都较方便的时间里。

2. 礼节性拜访。礼节性拜访是指亲朋好友或熟人之间为了巩固原有关系、发展已有的情谊而进行的有特定目的的拜访。此类拜访往往具有比较固定的时间,一般选择在元旦、春节、五一节、中秋节、国庆节等节假日,在对方有结婚、生子、乔迁、寿辰等喜庆之事或生病、灾难、亲人去世等天灾人祸,自己出差前与亲朋好友告别、回来去探望等时机进行。拜访的方式可根据关系的亲密程度、个人时间的可能或距离的远近等采取亲自登门、打电话、寄明信片等方式。

(二) 根据拜访者的不同身份划分

根据拜访者的不同身份,拜访又分为因公拜访和因私拜访。

因公拜访是指事务性的公务拜访;因私拜访是指事务性的因私拜访。由于礼节性拜访主要是一种情感上的交流,而情感上的交流往往建立在私人交往的基础之上,许多工作上的礼节性拜访也常常有一定的私人交往性质。因此,礼节性拜访在一定程度上公与私是交织在一起的,很难区分是因公还是因私。事务性拜访也只有建立在礼节性拜访的情感投资的基础上,才能收到良好的效果。那种"无事不登三宝殿",只在"有求于人"的情况下才急于去拜访的做法,决不可取。不论是个人还是单位、组织,要想拥有良好的人际关系,就必须注重平时的交往,不可忽视礼节性拜访。

(三) 根据拜访的性质和形式划分

拜访还可分为一般性拜访、请教性拜访、探视性拜访、突然性拜访和回访。

1. 一般性拜访。一般性拜访是指以看望问候为目的的拜访。此类拜访要事先通知,采用打电话、捎口信或书信等方式与被拜访者约好时间,避免做不速之客。如果与被拜访对象不熟悉,则往往可以通过第三人写介绍信,但介绍信不能封口。拜访者见到主人后,应简单说明自己的身份和来意,并将介绍信送上,有时还可使用名片,以免主人对自己产生疑虑。

2. 请教性拜访。请教性拜访一般是指以请教为目的的对长者、地位较高者、学识较丰富者的拜访。对于此类拜访,应事先写信或打电话,请示对方自己何时可以前去拜访并说清楚所要请教的问题,以便主人有所准备。拜访者一般应比约定的时间提前几分钟到达。拜访时,请教的态度要诚恳,提出的问题要言简意赅;听对方解答问题时要认真,不可东张西望或打哈欠。不论自己此行是否达到了请教的目的,也决不能面带失望和不悦的神色,而要真诚地表示感谢,如说"打扰您休息了"、"真抱歉,占用您这么长时间,感谢您的指导"等。

3. 探视性拜访。探视性拜访一般是指看望病人的拜访。进行此类拜访前,首先要了解病人得的是什么病、严重程度和治疗情况,以及目前病人的心理状态;其次要了解医院的有关探视规定,并应尽量避开病人的用餐、治疗和休息时间。探视病人一般要带些食品、水果等礼品以示慰问,礼品不在轻重,应以有利于病人的健康为原则,还可考虑送一些精神礼品,如轻松消遣的书、幽默风趣的漫画、优雅动人的音乐唱片和芳香的鲜花。送鲜花应注意的是:不宜选择清一色的白花和黄花,也不要送盆花,而应选择象征健康的康乃馨、象征青春永驻的紫罗兰、象征希望的松雪草、象征纯洁的睡莲或象征胜利的棕榈等。

4. 突然性拜访。突然性拜访指的是事先没有预约的拜访。此类拜访应注意,当你到达被拜访者的家后,首先应向主人说明自己没能预约的原因,请主人谅解。特别是当你到达时,如发现对方正欲外出、准备休息或家中还有其他客人,更应说明理由,并向主人致歉。

5. 回访。回访指的是被拜访者除了请教性拜访外,对其他礼节性拜访者所进行的拜访。回访本身也是礼节性的,其时间应根据双方交往的程度来确定:对初次拜访者,一般在三日内回访;如是泛泛之交,一般在十日内回访较为适宜;如回访对象路途较远或交通不便,也可以通过电话或书信致谢。

二、拜访礼仪··

(一) 拜访必须选择合适的时间

在拜访时间的选择上,应以对方方便为原则。若拜访办公室、写字楼,拜访时间不宜选在星期一或快下班的时间。若拜访地点选在私人住宅时,最好避开对方的休息时间。一般而言,上午9点至10点、下午3点至5点是最恰当的拜访时间,不要在别人用餐时、午间休息时、早晨未起床时、晚上9点钟以后拜访。当然不同的对象也会有不同的情况,需要根据对方特定的情况选择具体的时间。

（二）拜访前必须事先预约

拜访前，务必选好时机，事先约定拜访的时间，这时的语气应该是友好、请求、商量式的，而不能使用强求和命令的语气，并应将拜访的意图告诉对方。如果对方是普通百姓且又彼此熟悉，一般可以先确定一个估计对方会方便的时间，然后征求对方意见，问明对方这个时间是否合适；如果对方是社会名流或事务性工作繁多的人，一般是说明拜访意图后，让对方确定一个比较合适的时间；如拜访的对象是有较高身份者，拜访前一般与其秘书或助理联系，告诉对方拜访的原因，并请求其给予安排。在对外交往中无约定的拜访，是失礼之举。如必须得在休息时间拜访对方，则应在一见主人后立即致歉，说明打扰的原因。

（三）约好的拜访必须守时

守时是人际交往中最基本的礼貌。凡已约好时间的拜访，作为拜访者必须准时到达，不可随意改动时间，迟到或失约都是非常不礼貌的。如果迟到，则应向主人道歉；如因故失约，应在事后诚恳地向对方说明。在国际交往中，守时是交往的基本要求，一般认为，不守时的人，永远是不值得信赖的。在有些国家，安排拜访的时间常以分钟作计算单位，如若迟到，对方就会谢绝拜访。此外，赴约还应注意，一般不要带主人事先不知道的客人。

（四）稳重大方，彬彬有礼

在拜访过程中，必须做到"客听主安排"，要注意自己的举止，不做冒失之客。在进门、问候、让座及接受主人献茶等各个环节，都必须遵循做客的礼仪细节要求。需要强调的是，在你进门后，当主人把你介绍给他的妻子或丈夫相识，或向你介绍家人时，你都应热情地向对方点头致意或握手问好，见到主人的长辈应恭敬地请安，并问候家中的其他成员，做到举止稳重而有礼。

（五）衣冠整洁，注意仪容

衣冠整洁，不仅事关自己的形象，同时也是对他人的敬重。拜访时应注意仪容，使穿着打扮与拜访的时间、地点和环境气氛相协调，不能衣冠不整，或穿着拖鞋、背心、短裤前去拜访。在进门之前，要在踏垫上擦净鞋底的浮灰。在主人家做客，注意讲究卫生，不要把主人家的客厅弄得烟雾腾腾，烟蒂、果皮满地。身患疾病，尤其患传染病者，不应走亲访友。不洁之客、带病之客是不受欢迎的。

（六）举止文雅，谈吐得体

古人曰："入其家者避其讳。"要想做一个受欢迎的客人，必须检点自己的言行和表现。即便在朋友家里也不能乱脱、乱扔衣物，要注意坐相。拜访时，不论主人在与不在，都不能翻动主人的东西，未经主人允许，同样不能主动进入主人的卧室、书房。一般而言，交谈前可适当寒暄，介绍时应照顾对方的自尊，要注意礼貌语言的使用。凡请教性或工作性拜访，尽管话题比较明确，客方仍有必要主动提起话题，这也是基于礼貌的需要。在谈到双方共同关心的话题时，应保持相应的热情。同主人谈话,态度要简洁明了,表情应自然得体,要避免不雅的动作和姿势;应集中精力,不能东张西望或做小动作,尤其是有长者在座时,应专心听其谈话,不要随便插话或打断别人的谈话。

(七) 适时告辞,注意礼貌

按西方习惯,拜访一般逗留45分钟到1小时,以不影响主人及家人休息为宜;正式社交拜会前后大约15分钟。日常拜访在无要事相商的情况下,不要逗留过长或过晚,应以不超过半小时为宜。当拜访的目的已经达到,或主人面露倦意时,便应主动告辞。如果有要事先走,辞别时应与主人另约时间和地点。若与主人说完了主要话题,此时又有别的客人来访,就应起身告辞,以便主人接待其他客人。

告辞也要讲究方式,切忌主人刚说完一段话就起身告辞,这样会使主人觉得你对他的话不耐烦,一般应在主人讲完一段告别话之后再告辞。一旦已经告辞,就应走得果断,除非主人执意挽留。不要口中说走,身子却不动。辞行时,除应向主人的热情款待表示感谢外,还应向其他客人道别,出门后应请主人就此留步。如果有意请主人回访,可在与主人告别握手时提出邀请,但在回程的电梯或走道内不可窃窃私语,以免主人见了产生误解。

第三节　谈判礼仪

谈判是当事人之间为实现一定的目的、明确相互的权利义务关系而进行协商的行为。其中的礼仪规范是谈判双方在谈判过程中营造和谐气氛并显现自身素质的必不可少的要素。

一、谈判礼仪的基本原则

谈判礼仪做得不好,会使谈判产生摩擦和阻力,节外生枝,甚至导致谈判破裂;做得好,则能提高谈判效率,激活创意,促进合作,有利于实现双赢。谈判礼仪的基本原则如下。

(一) 客观原则

所谓客观原则,即在准备谈判时,有关商界人士所掌握的资料要客观,决策时的态度也要客观。掌握的资料要客观,是要求谈判者尽可能地取得真实而准确的资料,不要以道听途说或是对方有意散布的虚假情报作为自己决策时的依据。决策时的态度要客观,是要求谈判者在决策时,要保持清醒和冷静,不要为感情所左右或是意气用事。

(二) 预审原则

所谓预审原则含义有二:其一是指准备谈判的商界人士应当对自己的谈判方案预先反复审核、精益求精,其二是指准备谈判的商界人士应当将自己提出的谈判方案预先报请上级主管部门或主管人士审查批准。

（三）自主原则

所谓自主原则，是指商界人士在准备谈判时，以及在谈判进行之中，要发挥自己的主观能动性，要相信自己、依靠自己、鼓励自己、鞭策自己，在合乎规范与惯例的前提下，力争"以我为中心"。

坚持自主原则有两大好处：一是可以调动有关商界人士的积极性，使其更好地表现；二是可以争取主动权，或是变被动为主动，在谈判中为自己争取到有利的位置。

（四）兼顾原则

所谓兼顾原则是要求商界人士在准备谈判时，以及在谈判过程中，在不损害自身根本利益的前提下，应当尽可能地为谈判对手着想，主动为对方保留一定的利益，相互尊重，互惠互利，最终实现交易成功。

二、谈判前的准备礼仪 ···

"凡事预则立，不预则废。"要想使商务谈判获得圆满成功，需要具备多方面的条件，其中做好谈判的准备工作是重要内容之一。

谈判者在安排或准备谈判时应当注重自己的仪表，预备好谈判的场所，布置好谈判的座次，并且以此来显示己方对于谈判的重视以及对谈判对象的尊重。

（一）仪表方面

正式出席谈判的人员在仪表上务必有严格的要求和统一的规定。男士应当理发、剃须，不能蓬头垢面；女士应当选择端庄、素雅的发型并且化淡妆，但是不宜留过于摩登的发型，不宜染彩色头发，不宜化艳妆和使用香气过于浓烈的化妆品。

由于谈判关系重大，所以应当穿传统、高雅、规范的礼仪性服装。一般来说，男士穿深色三件套西装和白衬衫，打素色或条纹式的领带，配深色袜子和黑色的系带皮鞋；女士穿深色西装套裙和白衬衫，配肉色长袜、黑色高跟鞋或半高跟浅口皮鞋。

（二）谈判地点方面

根据谈判地点的不同，可以将商务谈判分为客座谈判、主座谈判、客主轮流谈判、第三地点谈判四种。

客座谈判：在洽谈对手所在地进行的谈判。

主客谈判：在己方所在地进行的谈判。

客主轮流谈判：在谈判双方所在地轮流进行的谈判。

第三地点谈判：在不属于任何一方的地点进行的谈判。

谈判地点应通过双方协商而定。但无论选择哪一种，担任东道主的一方都应恰当地运用礼仪,迎送、款待、照顾对手,以便赢得信任,获得理解和尊重。

(三) 谈判座次排列方面

谈判是交往的一种特殊形式。由于谈判往往直接关系到交往双方或双方所在企业的切实利益,因此谈判具有不可避免的严肃性。

举行正式谈判时,对于有关各方在谈判现场具体的座次要求非常严格,礼仪性很强。总体来说,排列正式谈判的座次,可分为以下两种基本情况。

1. 横桌式

是指谈判桌在谈判室内横放,客方人员面门而坐,主方人员背门而坐。除双方主谈者居中就座外,双方的其他人士则依其具体身份的高低,各自先右后左、自高而低地在己方一侧就座。双方主谈者的右侧之位,在国内谈判中可坐副手,而在涉外谈判中则应由译员就座。如图三所示:

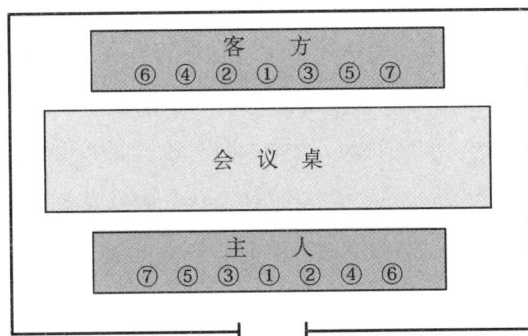

图三 横桌式谈判排座

2. 竖桌式

是指谈判桌在谈判室内竖放,具体排位以进门时的方向为准,右侧由客方人士就座,左侧则由主方人士就座。在其他方面,则与横桌式排座相仿。如图四所示:

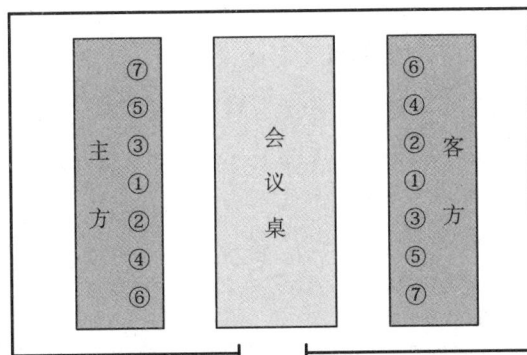

图四 竖桌式谈判排座

三、谈判过程中的礼仪

谈判过程中双方接触的第一印象十分重要,言谈举止要尽可能营造出友好、轻松的谈判气氛。这种良好氛围的营造主要取决于以下两个方面:谈话礼仪和举止礼仪。

(一) 谈话礼仪

1. 把握距离

谈判时,谈话的距离要适中。如果站着谈话,双方距离半米左右比较合适;坐着谈话则以双方间桌子的宽度为准。掌握好谈话的距离对于调控谈判气氛很重要,因为一些人在进行讨论或争论时往往会不自觉地缩短双方的空间距离,不由自主地逼近对方发表意见;而争持不下无法达成一致时,又容易扩大双方的距离以表示自己的不满。以上这两种情况对于谈判的顺利进行都是不利的,因此应尽量避免。

2. 谈吐得体

谈判中说话的语气要平和。同一句话用征询性语气说出来和用审问式、威胁性语气说出来是有很大区别的。在谈判中,各方都应尽量留给对手一个儒雅的好印象。在发问的时候应讲究礼仪,要注意问的内容是否合适,尽量不要一直追问对方难以回答的问题。

说话的语速应平稳。过快,对方听不清、记不住;过慢,则容易给人以不干练、不果断的感觉,会被怀疑为有意拖延时间。正确的语速应该是快而有节奏、慢而不失流畅,同时观察对方的反应加以调整。

此外,说话时还应控制好自己的语调,使对方从语调中感受到己方的沉稳和信心。语调不可粗鲁、生硬,特别是在争执过程中,语调失控会影响到双方谈判成功。

当谈判进入磋商阶段时,双方应在互相尊重的基础上进行辩论和协商。辩论时要尽量采用征询、协商的语气,表达要严密,有理有据,语言幽默,方式委婉。

(二) 举止礼仪

谈判中适当地做些手势和动作来帮助说明思想、阐发观点是正常而必要的。但要注意不能随意使用含义不明或者有歧义的手势语,以免引起误会。一般来说,谈判中的手势不宜过多,否则容易给人以手舞足蹈、缺乏素养的印象。切忌双臂在胸前交叉,这样会显得傲慢而具有较强的戒备心理。更重要的是,举止可以流露出人们的内心,举止过多并且过于随意,容易暴露谈判者的内心状态,给对手以有利信息。

正确而积极的举止应该是双手放在桌子上,挺腰靠近桌边,或在关注对方发言时做些记录,或阐明观点,或传递相关文件。

优秀的谈判者同时也是一个优秀的倾听者,只有认真倾听,才能够从中发现问题,从而有的放矢。因此,在谈判的过程中必须注意倾听。

商务谈判是一种心理和智力上的较量，作为谈判人员应该保持头脑冷静，沉着应战，以智取胜。谈判结束时，应握手告别，行为举止要有礼貌。谈判成功了，不要得意忘形，而应握手感谢对方的支持；谈判失败了，也不应恶语伤人，失去礼貌风度。

第四节　签约仪式礼仪

商务谈判的最后阶段是签约仪式。签约仪式通常是指合作双方或多方经过谈判或协商，就彼此间的政治、经济、文化、科技等领域的某些重大问题达成协议后，由各自的正式代表在有关协议或合同上签字的仪式。它是一种比较隆重的活动，礼仪规范也比较严格。

一、签约前的准备礼仪

（一）准备好待签的文本

按惯例，在正式签署合同之前应由举行签约仪式的主方负责准备待签合同的正式文本。主方应该以慎重、严肃的态度，会同有关各方一道指定专人共同负责合同的定稿、翻译、校对、印刷、装订、盖印等工作，因为合同一旦签署就具有法律效力，因此将要签约的各方应事先针对合同的所有条款达成一致意见，不要到签合同的时候还在为某些细节争论不休。

如果签署涉外合同，应依照惯例，准备好有关各方符合法律规定的官方语言合同文本或使用国际上通行的英文、法文的合同文本。使用外文撰写合同时要反复推敲、字斟句酌，不要望文生义或乱用词汇。

待签的合同文本要用精美的白纸印制，按大8开的规格装订成册，并用高档纸料如真皮、金属、软木等制作封面。

（二）签约场地的选择

举行签约仪式的场地，一般视参加签约仪式的人员规格、人数以及合同中的商务内容的重要程度来确定，多数是选择客人所住的宾馆、饭店或主办方的会客厅、洽谈室等。

（三）人员安排

在举行签约仪式之前，有关各方应预先确定好参加签约仪式的人员，并向有关方面通报。客方尤其要将自己一方出席签约仪式的人数提前报给主方，以便主方安排。

从礼宾礼仪的角度来说，参加签约仪式的各方人数应该大体相当。除了签约人，为了体现对此次签约仪式的重视，一般会邀请更高级或更多的领导人和有关人员参加。但无论如何，各方随员人数应大体相同。

由于签约仪式的礼仪性极强，按照规定，签字人、助签人以及随员在出席签约仪式时应当穿着符合签约仪式礼仪规范的服装,如深色西装套装、中山套装或西装套裙,并且配以白色衬衫和深色皮鞋。签约仪式的礼仪人员、接待人员可以穿自己的工作制服或旗袍等礼仪性的服装。

（四）签约场地的布置

布置签约场地的总原则是庄重、整洁、清净。标准的布置应当在室内铺上地毯,除了必要的签字用桌椅外,其他陈设都不需要。正规的签字桌应为长桌,上面最好铺设深色的台布。在它的后面,可根据签署协议的不同摆放适量的座椅。

在签字桌上,应事先放好待签文本以及签字笔、吸墨器等签字时所用的文具,还可放置各方签字人的席卡。涉外签约仪式应当用中、英文两种文字标示,并在签字桌上插放有关方的国旗;插放国旗时,在其位置与顺序上,必须依照礼宾序列安排。

（五）签约座次安排

从礼仪上来讲,举行签约仪式时,在力所能及的条件下,一定要郑重其事。其中最引人注目的,当属举行签约仪式时座次的排列方式问题。签约场地的桌台和人员座次设置应符合礼宾礼仪的要求,以签约者为合作双方为例,通常有以下几种设置和排位方式。

1. 在签约场地内设置一张长条桌作为签字桌,桌后为签约人员准备两把或多把座椅,注意按照国际惯例,排位方式为主左客右。如果是涉外签约仪式,还应在签字桌中央摆放旗架,上面悬挂或交叉摆放签约双方的小国旗。其余参加签约仪式的主客方代表依身份顺序分站于自己一方签字人的座位后面。我国的签约仪式多采用这种形式(如图五)。

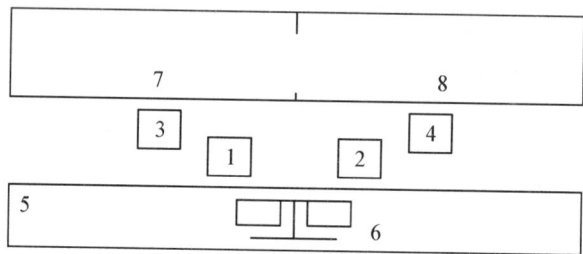

1—客方签字人；2—主方签字人；3—客方助签人；4—主方助签人；5—签字桌；6—双方国旗；7—客方参加签约仪式人员；8—主方参加签约仪式人员

图五

2. 在签约场地内设置一张长条桌作为签字桌,桌后为签约人员准备两把或多把座椅,注意按照国际惯例,排位方式为主左客右。与第一种方式不同的是双方的国旗分别悬挂在各自签约人员座位的后面,其余参加签约仪式的人员依身份顺序分坐于自己一方签字人的对面。(如图六)

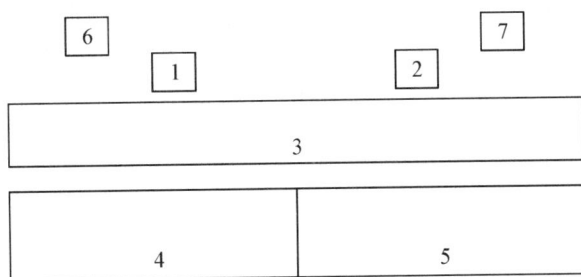

1—客方签字人;2—主方签字人;3—签字桌;4—客方参加签约仪
式人员;5—主方参加签约仪式人员;6—客方国旗;7—主方国旗

图六

3. 签约场地内设两张或多张桌子为签字桌,按照国际惯例,主左客右,双方签字人各坐一桌,小国旗分别悬挂在各自的签字桌上。参加签约仪式的人员按顺序分别坐于自己一方签字人的对面。(如图七)

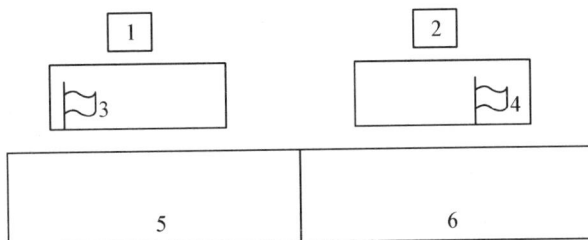

1—客方签字人;2—主方签字人;3—客方国旗;4—主方国旗;5—客
方参加签约仪式人员;6—主方参加签约仪式人员

图七

二、签约仪式的礼仪

签约仪式这一阶段是有关各方最为关注的阶段,虽然签约仪式的时间不长,但它是合同、协议签署的高潮阶段,其程序规范,气氛庄重而热烈,所以参加签约仪式的每一个人都要格外重视自己当时的仪表、仪态。

(一) 签约仪式开始。有关各方人员进入签约场地,在既定的座位上坐好。按照国际惯例,签字人按照主居左、客居右的位置入座,其他陪同人员分主、客方,以各自职位、身份高低为序,自左向右(客方)或自右向左(主方)排列站于各签字人之后,或坐在己方签字人的对面。助签人分别站在己方签字人的外侧,协助翻揭文本,指明签字处,并为业已签署的文件吸墨。

(二) 签字人签署文本。一般来讲,签字人先签署己方保存的合同文本,再接着签署他方保存的合同文本,这一做法在礼仪上称为"轮换制"。它的含义是在位次排列上,轮流使有关各方有机会居于首位一次,以显示机会均等、各方平等。

（三）交换合同文本。各方签字人交换已经正式签署的文本,交换后,各方签字人应热情握手,互致祝贺,并交换各自用过的签字笔,以资纪念。这时全场人员应该鼓掌,表示祝贺。

（四）共同举杯庆贺。交换已签订的合同文本后,礼宾小姐会用托盘端上香槟酒,有关人员,尤其是签字人当场干上一杯香槟酒,这是国际上通用的旨在增添喜庆色彩的做法。

（五）合影留念。有的签约仪式允许全程拍照,但有的只允许拍摄其中某一场面。不论哪种要求,在会见外宾时如安排中外人员合影留念,一般应排成一行,客方人员按其身份自左至右居于右侧,主方人员按其身份自右而左居于左侧。一行站不开时,则可参照"前高后低"的规则,排成两行或三行。

（六）有序退场。请各方最高领导者及客方先退场,然后东道主再退场。整个签约仪式以半小时为宜。

【思考题】

1. 商务礼仪的主要作用有哪些？通过学习商务礼仪你有哪些收获和体会？

2. 在商务交往中,善解人意的人常常被认为是文明守礼的人。你对此怎么理解？

3. 签约仪式过程中应注意哪些礼仪？

4. 双边洽谈时怎样安排座次？

5. 商务谈判中应注意哪些礼仪规范？

第八章　社交礼仪

　　每个企业都需要进行社交,以结交众多朋友,寻求各方支持,维持、拓展业务,并提高企业的知名度和美誉度。有人作过调查统计,企业领导一般将40%的时间用于社交,40%的时间用于开会、会见、谈判,20%的时间用于处理企业日常事务。由此可见社交在企业领导工作中的重要性。秘书作为上司的助手,安排上司的社交、组织筹办社交活动、协助上司处理社交事宜,也就成为其工作中的组成部分,所以,秘书应了解和掌握社交礼仪。

第一节　邀请与答复

　　企业之间为了加强联系、增进友谊,会相互邀请参加各自举办的开业、庆典、联谊、会晤等活动,邀请和答复就成为相互间常见的社交礼仪。

一、邀请

　　邀请分正式邀请和非正式邀请两类。

　　非正式邀请指上司和熟识的外单位人员、私人朋友相互约请共进工作餐、交谈等。这类邀请比较随便,上司决定后,秘书一般只需按上司吩咐打电话给对方,讲定时间、地点即可,不用寄送请柬。

　　正式邀请指企业举办正式、庄重的活动,约请对方参加。它可以以企业的名义,也可以以上司个人的名义约请。这类邀请要事先拟定被邀请者名单,经上司审定后,由秘书一一寄送请柬。在"三资"企业中,这类请柬一般都事先印制好,届时只需填上客人的姓名、时间、地点,就可寄送。

　　请柬上的时间、地点、姓名要核对准确,注意不能将对方的名字写成谐音字,措词要典雅、得体,不能用祈使句,如不宜写成"请你务必参加",而宜用"敬请光临"之类的礼貌用语。请柬格式可参考下例。

请　　柬

　　_____先生:

　　　　谨定于_____年____月____日(星期____)____午____时_____分,为_____

_____，假座_____宾馆(_____路_____号)，举行_____活动。

　　恭候

光临

　　　　　　　　　　　　　　　　　　　　　　　_____敬约

　　　　　　　　　　　　　　　　　　　_____年___月___日

————————————————————————————————

有的请柬还附上回条同时寄送，以便获知对方的答复。回条格式可参照下例。

————————————————————————————————

回　　条

————————

　　收到请柬，请填写下列内容，并于×月×日前将本回条寄达本公司总经理秘书×××，地址为：××路××号××室。谢谢！

　　能否出席：能_____否_____

　　出席人姓名：　　　　　职务：

　　回信地址：　　　　　　　电话号码：

　　联系人：

————————————————————————————————

有些寄送给重要人物的请柬，为了表示敬意和郑重，不用打印件，而由上司亲笔书写，从而使对方感受到邀请者的诚意而愉快接受邀请。

二、答复···

秘书收到外单位的请柬后，要及时报告上司。如果上司决定接受邀请，秘书就得填妥回条，或写好答复信，及时寄出。对于以个人名义发来的请柬，回信也要用个人名义；对于以企业名义发来的请柬，则也要以企业的名义回复，宜用公事信函。在接受邀请的回信中，先表示感谢，再明确表示愉快接受邀请即可。

如果上司无法接受对方邀请，秘书也要代为回信，婉言谢绝。对于这类回信尤其要注意礼貌，语言要婉转，措辞要谨慎，不让对方产生误解或感到难堪，其内容一是感谢对方的邀请，二是陈述不能应邀的原因，三是希望今后有机会再会面。

第二节　赠礼礼仪

为了密切企业之间、个人之间的关系，增进友谊，企业往往在对方企业开张、周年庆典、祝捷会、新总经理或负责人上任及新年、节日、纪念日等时候,发信表示祝贺,并赠送花篮、纪念品、画幅等礼品。

对于国外的贸易伙伴,也要在适当的时间向对方赠送一些适当的礼物,以表示友谊。秘书要为上司策划送什么礼物,以及什么时候、以什么方式赠送最为合适,花篮、画幅、纪念品等礼品也由秘书选购或准备妥当。这就要求秘书了解社交赠礼中的基本礼仪。

一、一般赠礼礼仪

社交赠礼的基本要领是:要考虑对方的爱好、习俗,因人而异;要考虑赠礼的场合,恰到好处;礼品应当起到"礼轻情义重"的作用,要雅而不俗,选择有意义、有特色或有艺术价值的小艺术品、纪念品、书籍、画册等。

通常不宜送昂贵的礼品,因为对方会认为你重礼之下必有所求,勉强收下后却心中不安。当然,我们更不能以送礼为名,行腐蚀、收买之实。

礼品应当包装精美,要明白商品并非礼品,只有包装精美后才能成为礼品。所以,国外的礼品非常讲究包装,尤其在日本,礼品常常是大盒套小盒,包装了好几层,系上一根漂亮的红白纸绳,结成剪刀状,最外层还得扎上缎带。日本人认为绳结之处有人的灵魂,标志着送礼人的诚意。德国人对礼品的包装则更讲究。包装礼品时可以留下商标品牌,但得把价签摘掉,以免对方认为你是在向他要钱,或因价格高低而引起猜疑。

礼品一般应当面赠送,也可派人送上门或邮寄。如派人送上门或邮寄礼品,应附上自己的名片。如为了祝贺而赠礼,还得附上贺信。贺信由秘书撰写,它的格式较为固定,用词拘谨,常运用一些套语,比如"祝愿我们的友好合作关系日益发展"等等。如属于送行之类的礼品,适宜早些送去。

收礼者收礼时,应双手捧接,握手并感谢对方。西方人习惯于当面打开包装,欣赏礼品。这时,送礼人可以对礼品作简单介绍、说明。收到送来或邮寄来的礼品,应当回复一张名片或一封亲笔信,表示感谢。

企业为了增强内部凝聚力,融洽上司与员工的关系,往往注重感情投资,在节日或者员工生日向员工祝贺、赠礼,比如在圣诞节、新年赠送贺年卡,在员工生日时发贺信并赠送蛋糕、鲜花等。这些一般也由秘书筹办,这就需要秘书事先准备,如掌握全体员工的生日,以便依时祝贺赠礼等。

二、对外国朋友的赠礼礼仪

对外国人赠礼更需要了解和尊重他们的文化习俗、宗教信仰等,以免发生不愉快的事情。

在阿拉伯国家,伊斯兰教禁酒,不能以酒作为馈赠礼品;禁止偶像崇拜,最好不要赠送带有人像和动物画片的图书或年历。

美国人一般只在节日、生日或对方生病时才送礼，不知送什么时，一般都送鲜花，平时则不太送礼。所以，在和美国人的交往中，送礼一定要郑重，以免对方认为你是对他有所图。即使你礼节性地送他一个打火机，他也可能因为一时无礼回赠而感到尴尬。

英国人普遍讨厌有送礼人公司标记的礼品。送些花费不多的礼品，如朱古力、红酒和鲜花最为适宜，他们不会认为这是行贿。送礼的时机最好选在酒店用完餐，或在剧场看完戏后。香烟不宜作礼品，男士给没有近亲关系的女子赠送服饰也不适宜。

与法国人初次见面时不宜送礼，宜在再次见面时赠送。礼品应能表达出对对方智慧的赞美。应邀到法国人家里用餐时，可送上几枝不加捆扎的鲜花。

在意大利，赠送礼物的同时也在赠送快乐和愉悦，如塞满巧克力的糖桶、装帧精美的古典名著等是很好的送礼选择。

德国人不看重礼物的轻重，而注重送礼者的心意，讲究"礼轻情义重"，他们希望收到自己喜爱的东西作为礼物。他们爱好音乐，因此，送一盒适当的音乐 CD 等会使他们很高兴。德国人总是追求完美，所以，礼品的外包装必须精美。

要和日本客户建立友好关系，离不开赠礼，因为他们在商务活动中流行赠礼。他们喜欢收到自己不一定有用的礼物，因为它可以用来转送别人。他们喜欢名牌货，礼品不能重复，而且要送得一次比一次重。所以，给同一位日本朋友送礼，一定要记住前几次送的是什么。送礼时，日本人会推辞，但是你得坚持要送，因为推辞是客套。同样，他们给你送礼时，你也得客气地推辞一番，以免给人以迫不及待的印象。日本社会很讲究等级，所以，给日本人送礼还得注意等级区别，送给身份高者的礼物要重于身份比其低者。比如，你公司给某日本公司的总经理、副总经理送礼，礼品是一样的，那么，总经理会感到受了侮辱，副总经理也会感到不安、为难。此外，日本人十分讲究礼品的包装，所以，所送礼品的外包装必须精美。

选择赠送给外国朋友的礼物时，既要尊重对方的风俗习惯，又要突出中国的民族特色，并有一定的纪念意义。外国客户大多喜欢我国的以下几种礼品：

1. 景泰蓝。景泰蓝是我国传统工艺的杰出代表，其种类繁多，受到外国朋友的普遍欢迎。

2. 玉佩。玉本身充满了神秘的东方色彩，我国的吉祥如意护身符更是如此。外国友人偏好色泽温润、明光通透的玉，带有太极、八封、汉字等图案的玉制品深受外国友人的喜爱。

3. 具有我国传统风格或印有汉字的服饰。这类礼品最受外国年轻朋友的偏爱。

4. 刺绣品。在我国各种刺绣礼品中，苏绣、湘绣受到普遍欢迎。

5. 水墨字画、竹制工艺品。

三、接受礼品的礼仪

如果是接受礼品,也得注意礼仪。不需过分推让,应当大方、愉悦地接受,伴以"谢谢"、"受之有愧"、"您太客气了"等客气语,并对礼品表示赞赏和喜欢,这是对送礼者最好的回馈和安慰。

中国传统文化强调"重义轻礼",接受礼品,重要的是心领了这份情意,而对礼物本身要相对低调处理,所以并不当众打开。比较亲密的朋友另当别论,可立刻打开表达感激欣赏之情。当然,现在如果条件允许,受赠者可以当面打开欣赏一番,这种做法是符合国际惯例的。它表示看重对方,也很看重对方赠送的礼品,这样做比把礼品放在一旁,待他人走后再自己拆封欣赏,的确有更多好处。礼品启封时,要注意动作文雅,不要乱撕、乱扯,随手乱扔包装用品。开封后,赠送者还可以对礼品稍作介绍和说明,说明要恰到好处,不应过分炫耀。受赠者可以采取适当动作对礼品表示欣赏之意并加以称道,然后将礼品放置在适当之处,向赠送者再次道谢。

第三节 重要社交活动礼仪

一、庆典礼仪

(一)庆典概述

庆典是企业围绕自身重大事件、活动所举行的典礼、仪式等公共关系专题活动的总称,一般在各种节日、企业的重要纪念日或取得重大成绩之时举行。

庆典不是一般的庆祝,是企业美好发展历程的隆重而热烈的展示,它凝聚着对企业重大事件、活动的重视,所以庆典是企业社交活动中很重要的一类活动。

庆典的类别很多,常见的有:开业(工)庆典、落成庆典、剪彩仪式、交接仪式、发奖仪式、周年纪念会、地方传统节日庆典、重大活动的开幕或闭幕式等。按照内容来划分,庆典大致可以分为以下四类。

1. 周年庆典。通常逢五、逢十进行,即在企业成立五周年、十周年以及它们的倍数时进行。

2. 荣获某项荣誉的庆典。在企业本身获得了某项荣誉称号、企业的"拳头产品"在国内外重大展评中获奖之后,均会举行该类庆典。

3. 取得重大业绩的庆典。例如千日无生产事故、生产某种产品的数量突破 100 万、经销某种商品的销售额达到 1 亿元等,对于这些来之不易的成绩,往往都要进行庆祝。

4. 取得显著发展的庆典。当企业建立集团、确定新的合作伙伴、兼并其他企业、分公司或连锁店不断发展时,都值得庆祝一番。

不论哪种类型,各社会组织的庆典活动都要符合盛大、隆重、热烈的基本原则。因此,应精心策划庆典活动,力争在社会上造成广泛而深刻的影响,为建立良好的公共关系营造环境。

（二）庆典礼仪

庆典是庆祝活动的一种形式,应当以庆祝为中心,把每一项具体活动都尽可能组织得热烈、欢快而隆重。

对商界人士业而言,组织庆典与参加庆典时,往往会各有多方面的不同要求。庆典的礼仪由组织庆典的礼仪与参加庆典的礼仪两项基本内容所组成。不论是举行庆典的具体场合、庆典进行过程中的某个具体场面,还是全体出席者的情绪、表现,都要体现出欢愉、喜悦的特点。唯有如此,庆典的宗旨——塑造企业的形象,显示企业的实力,扩大企业的影响,才能够真正地得以贯彻落实。以下对组织庆典的礼仪与参加庆典的礼仪分别予以介绍。

1. 组织庆典的礼仪

组织庆典的礼仪主要表现在具体内容的安排上,包括确定出席人员名单、安排来宾的接待工作、布置庆典活动现场以及拟定庆典的具体程序等四大问题。

（1）精心确定庆典的出席人员名单

庆典的影响往往取决于来宾的身份和数量。因此,在力所能及的情况下,应邀请一些高规格来宾参加庆典,以便扩大庆典活动的声势。一般可邀请以下人员:

上级领导。包括地方党政领导、上级主管部门领导,主要是为了表示尊重和感激之心。

社会名流。根据名人效应原理,社会上的各界名人对于公众最有吸引力,能够请到他们,将有助于更好地提高企业的知名度。

大众传媒。将有助于公正地介绍企业的成就,有助于加深社会对企业的了解和认同。

合作伙伴。合作伙伴经常是同呼吸、共命运的,请他们来参加庆典,对于将来的合作能起到积极作用。

社区关系。邀请周围的居民委员会、街道办事处、医院、学校、幼儿园、商店以及其他单位的有关人员,参加,有助于对方进一步了解企业,给予更多的方便。

企业员工。邀请自己的员工可以增强企业的凝聚力和向心力。

（2）精心安排来宾的接待工作

与一般的来宾接待相比,对出席庆典的来宾的接待更要突出其礼仪特点。有关人员不但应当热心细致地照顾好全体来宾,还应当通过接待工作,想方设法地使每位来宾都能心情舒畅,使来宾感受到主人的诚意。如果来宾较多,还需要为来宾准备好专用的停车场、休息室,安排好饮食。

（3）布置好庆典活动现场

现场的安排、布置是否恰如其分往往会直接影响庆典留给全体出席者的印象。按惯例,庆典举行时宾主一律站立,所以现场一般不设主席台或坐椅。为了显示隆重、表示尊重,可以在来宾,尤其是贵宾站立处铺设红地毯。

为了烘托出热烈、隆重、喜庆的气氛,可在现场布置充气拱门、气球、彩灯、彩带、横幅或相关宣传标语;如有条件,可以请相关乐队或专业表演者来现场助兴。

此外,还应在醒目处摆放来宾赠送的花篮、牌匾、来宾的签到簿以及本单位的宣传材料,待客的饮料等物品也应提前备好。

对于庆典上要使用的音响、照明、摄像等多媒体设备以及其他用具和设备,必须事先进行认真的检测,以防使用时出现差错。

(4)拟定好庆典的具体程序

拟定庆典的程序必须坚持两条原则:第一,时间宜短,一般以一个小时为宜;第二,程序宜少而紧凑,以集中出席者的注意力。

依照常规,庆典活动大致上包括下述几项程序:

预备:请来宾就座,出席者安静,介绍嘉宾;

宣布庆典活动开始,全体起立,奏国歌,唱本单位之歌;

本单位主要负责人致辞;

邀请嘉宾讲话,公布贺电、贺信及其署名单位或个人;

安排文艺演出,主题与庆典的主旨相关;

邀请来宾进行参观。

2. 参加庆典的礼仪

参加庆典时,不论是主办单位的人员还是外单位的人员,均应注意自己临场的举止表现。其中,主办单位人员的表现尤为重要。

(1)仪容整洁

参加庆典的主办单位人员,一定要保持仪容干净整洁,男士应刮胡须,女士应化淡妆。

(2)服饰规范

有统一式样制服的单位,应要求以制服作为本单位人员的庆典着装。无制服的单位,应规定届时出席庆典的本单位人员必须穿着礼仪性服装,即男士应穿深色的中山装套装,或穿深色西装套装,配白衬衫、素色领带、黑皮鞋;女士应穿深色西装套裙,配肉色长统丝袜、黑色高跟鞋,或者穿深色的西装裤。此外,近年来颇为流行的旗袍作为礼服,在很多庆典场合也很受尊重。

(3)遵守时间

无论是主办单位的最高负责人,还是级别最低的员工,都不得姗姗来迟、无故缺席或中途退场。如果庆典的起止时间已有规定,则应当准时开始,准时结束。

(4)表情庄重

在举行庆典的整个过程中,都要表情庄重、全神贯注。庆典中一般都安排了升国旗、奏国歌、唱本单位之歌的程序,一定要依礼行事,起立,脱帽,立正,面向国旗或主席台行注目礼,表情庄严肃穆。

（5）态度友好

主要是对来宾态度要友好。遇到了来宾,要主动热情地问好。对来宾提出的问题,要立即予以友善的答复。当来宾在庆典上发表贺辞,或是随后进行参观时,要主动鼓掌表示欢迎或感谢。

（6）行为自律

在出席庆典时,主办单位人员在举止行为方面应当注意的问题有:不要在庆典举行期间到处乱走、乱转;不要找周围的人说"悄悄话"、开玩笑;不要有意无意地做出对庆典毫无兴趣的姿态。

（7）发言简短

主办单位员工在庆典中发言,应注意以下四个问题:

第一,上下场时要沉着冷静。走上台时,应不慌不忙,在开口讲话前应平心静气。

第二,要讲究礼貌。在发言开始时,勿忘说一句"大家好"或"各位好";在提及感谢对象时,应目视对方;在表示感谢时,应郑重地欠身施礼;对于大家的鼓掌,则应以自己的掌声来回礼,讲话结束时,应当说一声"谢谢大家"。

第三,发言一定要在规定的时间内结束,宁短勿长。

第四,应当少做手势。

二、剪彩礼仪··

剪彩仪式是为了庆祝企业的成立、企业的周年庆典、企业的开工、展览会或展销会的开幕、新设备启用而举行的剪断彩带色绸的庆典活动,目的是引起社会各界人士的广泛注意,扩大宣传效果。

目前所通行的剪彩礼仪主要包括剪彩仪式的准备、剪彩者的选择、剪彩仪式程序、剪彩者的礼仪规范四个方面的内容。

（一）剪彩仪式的准备

剪彩仪式的准备工作涉及场地的布置、灯光与音响的准备、领导和媒体的邀请、人员的培训等。在准备这些方面时必须认真细致、精益求精。

1. 剪彩者

剪彩者一般是上级领导、主管部门负责人或某一方面的知名人士,因此应当发出郑重邀请,可由主办单位领导亲自出面或委派代表专程前往邀请。若是请几位剪彩者同时剪彩,要事先征得每位剪彩者的同意,否则就是对剪彩者的失礼。

2. 剪彩礼仪小姐

剪彩礼仪小姐是剪彩时扯彩带、递剪刀、接彩球的服务小姐,是剪彩仪式中的重要角色,可以从本单位中挑选,也可到有关单位去聘请。一般要求仪容、仪表、仪态优雅、大方、庄重。人员确定后,要经过必要的分工和演练。

3. 红色缎带

亦即剪彩仪式之中的"彩"。作为主角,它自然是万众瞩目之处。按照传统的做法,红色缎带应当以一整匹未曾使用过的红色绸缎在中间结成数朵花团。有时为了厉行节约,而代之以长度为2米左右的细窄的红色缎带,或者以红布条、红线绳、红纸条作为变通,也是可行的。一般来说,红色缎带上所结的花团,不仅要生动、硕大、醒目,而且其具体数目往往还与现场剪彩者的人数直接相关。依照惯例,红色缎带上所结的花团的具体数目有两类模式可依:第一,花团的数目较现场剪彩者的人数多1个;第二,花团的数目较现场剪彩者的人数少1个。前者可使每位剪彩者总是处于2朵花团之间,尤显正式;后者则不同于常规,亦有新意。

4. 新剪刀

新剪刀是专供剪彩者在剪彩仪式上正式剪彩时所使用,必须每位现场剪彩者人手一把,而且必须是崭新的、锋利的。事先一定要逐把检查将被用以剪彩的剪刀是否已经开刃,好不好用。务必要确保剪彩者在正式剪彩时可以"手起刀落",一举成功,而切勿一再补刀。在剪彩仪式结束后,主办方可将每位剪彩者所使用的剪刀包装之后送给对方,以资纪念。

5. 白色薄纱手套

在正式的剪彩仪式上,剪彩者剪彩时最好每人戴上一副白色薄纱手套以示郑重其事。在准备白色薄纱手套时,除了要确保数量充足之外,还须使之大小适度、崭新平整、洁白无瑕。有时,也可不准备白色薄纱手套。

6. 托盘

托盘在剪彩仪式上是托在礼仪小姐手中,用作盛放红色缎带、新剪刀、白色薄纱手套之用。在剪彩仪式上所使用的托盘最好是崭新的、洁净的,通常首选银色的不锈钢制品。为了显示正规,可在使用时铺上红色绒布或绸布。就其数量而论,在剪彩时,可以一只托盘依次向各位剪彩者提供剪刀与手套,并同时盛放红色缎带;也可以为每一位剪彩者配置一只专为其服务的托盘,同时专配一只托盘盛放红色缎带。后一种方法显得更加正式一些。

7. 红色地毯

红色地毯主要铺设在剪彩者正式剪彩时的站立之处。其长度可视剪彩人数的多寡而定,宽度则不应在1米以下。在剪彩现场铺设红色地毯,主要是为了提升档次,并营造一种喜庆的气氛。有时,亦可不予铺设。

(二) 剪彩者的选择

剪彩者是剪彩仪式的主角,一般具有较高的社会威望,深受大家的尊重和信任,剪彩者的礼仪直接关系到剪彩仪式的效果。因此，作为剪彩者既要有荣誉感，又要有责任感，而这些都要从剪彩者的礼仪中体现出来。

确定剪彩者名单必须是在剪彩仪式正式举行之前。名单一经确定，应尽早告知对方，使其有所准备。在一般情况下，确定剪彩者时必须尊重对方的个人意见，切勿勉强对方。需要由数人同时担任剪彩者时，应分别告知每位剪彩者届时将与何人同担此任，这样做是对剪彩者的一种尊重。千万不要"临阵磨枪"，在剪彩开始前方才强拉硬拽，临时找人凑数。在剪彩仪式举行前，应将剪彩者集中在一起，告知有关的注意事项，并稍事训练。按照常规，剪彩者应着套装或制服，将头发梳理整齐；不允许戴帽子或者戴墨镜，也不允许穿着便装。

若剪彩者仅为一个人，则其剪彩时居中而立即可。若剪彩者不止一个人，则对于其上场剪彩时位次的尊卑就必须予以重视。一般的规矩是：中间高于两侧，右侧高于左侧，距离中间站立者愈远位次愈低，即主剪者应立于中央的位置。需要说明的是，之所以规定剪彩者的位次"右侧高于左侧"，主要是因为这是一项国际惯例，剪彩仪式理当遵守。其实，若剪彩仪式并无外宾参加时，执行我国"左侧高于右侧"的传统做法亦无不可。

（三）剪彩仪式程序

剪彩仪式的会场一般选在展览会、展销会门口，如果是庆祝新建设施、新安装设备竣工、启用的剪彩仪式，一般安排在现场前面的空地处。在剪彩处必须悬挂写有剪彩仪式具体名称的大型横幅。

剪彩仪式宜紧凑，忌拖沓，时间愈短愈好。短则 15 分钟即可，长则不宜超过 1 个小时。

剪彩仪式通常应包含以下六项基本程序：

1. 请来宾就位

剪彩仪式一般只安排剪彩者和来宾的座位，主办单位的主要领导陪坐。入座时应把剪彩者安排在前排，有多位剪彩者时，应按剪彩时的位置就座，以免宣布剪彩时再交换位置。

2. 宣布仪式正式开始

在主持人宣布仪式开始后，乐队应演奏音乐，现场可燃放鞭炮。此后主持人应向全体到场者介绍重要来宾。

3. 奏国歌

奏国歌时须全场起立。必要时，亦可随之演奏本单位标志性歌曲。

4. 发言

发言者依次应为主办单位的代表、上级主管部门的代表、地方政府的代表、合作单位的代表等。发言内容应言简意赅，每人不超过 3 分钟，重点包括介绍、道谢与致贺。

5. 进行剪彩

进行剪彩时，全体应热烈鼓掌，必要时还可奏乐或燃放鞭炮。在剪彩前，须向全体到场者介绍剪彩者。

6. 进行参观

剪彩之后，主人应陪同来宾参观被剪彩之物，仪式至此宣告结束。剪彩仪式结束后，一般应组织参观或聚餐，之后可向来宾赠送纪念性礼品，以尽主人之意。

（四）剪彩者的礼仪规范

剪彩者衣着服饰应大方、整洁、挺括，容貌应适当修饰，看上去容光焕发、充满活力。在剪彩过程中，剪彩者要保持稳重的姿态、洒脱的风度和优雅的举止。

当主持人宣告进行剪彩之后，礼仪小姐即应率先登场。在上场时，礼仪小姐应排成一行，从两侧同时登台，或从右侧登台。登台之后，拉彩者与捧花者应当站成一行，拉彩者立于两端，拉直红色缎带，捧花者各自双手手捧一朵花团。托盘者须站立在拉彩者与捧花者身后1米左右，并且自成一行。

在剪彩者登台时，引导者应在其左前方进行引导，使之各就各位。剪彩者登台时，宜从右侧上场。当剪彩者均已到达既定位置之后，托盘者应前行一步，到达剪彩者的右后侧，以便为其递上剪刀、手套。

剪彩者若不止一人，则其登台时亦应排成一行，并且使主剪者行进在前。在主持人向全体到场者介绍剪彩者时，后者应面含微笑向大家欠身或点头致意。剪彩者行至既定位置之后，应向拉彩者、捧花者含笑致意。当托盘者递上剪刀、手套时，亦应微笑着向对方道谢。

在正式剪彩前，剪彩者应首先向拉彩者、捧花者示意，待其有所准备后，集中精力，右手手持剪刀，表情庄重地将红色缎带一刀剪断。若多名剪彩者同时剪彩，剪彩者应用眼睛余光注视中间的剪彩者的动作，力争同时剪断彩带。此外，还应注意与礼仪小姐配合，使彩球落于托盘内。剪彩完毕，放下剪刀，应转身向四周的人鼓掌致意。

【思考题】

1. 请柬的措词有什么要求？
2. 婉言谢绝对方邀请的答复信应该怎么写？
3. 秘书参加庆典时要注意哪些礼仪？
4. 简述剪彩者的礼仪规范。

第九章　宴 请 礼 仪

宴请是最常见的社交形式之一,企业举办庆典、庆功会或答谢协作单位时,都会举办宴请,秘书还会陪同上司或代表企业出席宴请。因此,秘书需要懂得宴请的筹办、接待和出席宴请的礼仪。

第一节　宴请准备

一、宴请的形式

首先得根据不同的目的、规模、规格,选择宴请的形式。宴请有多种形式,主要包括宴会和招待会两大类。

(一) 宴会

宴会为正餐,主客就座进餐,由招待员依次上菜。宴会有国宴、正式宴会、便宴、家宴之分。按举行的时间,又有早宴、午宴、晚宴之分,其隆重程度、出席规格、菜肴的品种和质量均有区别,一般来说,晚宴最为隆重。

1. 国宴

国宴是国家元首或政府首脑为国家的庆典,或招待外国元首、政府首脑而举行的正式宴请,规格最高。宴会厅要悬挂国旗,有乐队演奏国歌和席间乐。须排桌次、席次,宾主按身份就座。

2. 正式宴会

除不挂国旗、不奏国歌和出席规格不同以外,其余类似国宴,有时也安排乐队演奏席间乐。许多国家的正式宴会十分讲究排场,在请柬上就注明对来宾的服饰要求,以示隆重,对餐具、酒水、菜肴道数、餐厅的布置陈设,直至服务员的装束、仪表、态度都有严格要求。菜肴通常包括汤和几道热菜,中餐一般四道,西餐一般两三道,再加上冷盘、甜食或点心、水果。国外宴会餐前,嘉宾一般先在休息室稍事叙谈,通常上茶、汽水、啤酒等。入席后,先上开胃酒,常用雪梨酒、白葡萄酒、马丁尼酒、金酒加汽水(冰块)、苏格兰威士忌加冰水(苏打水),另上啤酒、水果汁、番茄汁、矿泉水等。席间一般用红、白葡萄酒,很少用烈性酒,尤其是白酒。餐后习惯再在休息室叙谈,一般上白兰地酒。中式宴会一般直接入席,餐前和餐后不进休息室。

3. 便宴

即非正式宴会,常为午宴、晚宴。便宴形式简便,可以不排桌次、席次,菜肴道数也可酌减。但是,它的气氛随和、亲切,适用于日常的友好交往。

4. 家宴

即在家中设宴招待客人。西方人喜欢采用这种形式,以示亲切友好。家宴往往由主妇亲自下厨,家人共同招待客人。

(二) 招待会

招待会是指不如宴会正规,形式灵活的宴请活动,它不排桌次、席次,备有酒水饮料和食品,主客可以自由走动。常见的招待会有以下两种。

1. 冷餐会

也称自助餐,菜肴以冷食为主,加酒水饮料,连同餐具陈设于长餐桌上,随来客自由取用。冷餐会可以设在室内,也可以设在院子里、花园内,可以不设座位,站立用餐,也可以设些小桌小椅,供休息用。它适用于招待众多来客。

2. 酒会

酒会是形式比冷餐会更灵活自由、便于广泛接触交往的宴请活动。它以鸡尾酒等酒水为主,配以三明治、小香肠、面包等食品,饮食由服务员用托盘端送于人丛中,需要者自由选取。酒会不设座位,只设小桌(上置些饮料、食品),以方便来客自由走动。酒会的时间灵活,可以是午宴、晚宴,也可以是早宴,请柬上写明整个酒会延续的时间,宾客可在其间任何时候前来或离开,不受约束。

二、宴会的筹办··

此处介绍正式宴会的筹办。它的筹办有以下要点。

(一) 确定邀请对象

要根据宴请的目的,邀请有关对象参加。比如,为了感谢协作单位的帮助而举办宴会,就应当将协作单位的领导、帮助过本单位的人员都请来,遗漏了是不礼貌,为凑人数请无关人员参加,也会导致理应被邀请者的不悦。

(二) 确定时间地点

宴会时间应征求客方,尤其是主宾的意见,选择主客双方都方便的时间。邀请外国人时,要注意避开对方风俗中禁忌的日子。宴会地点应选在具有知名度、客人容易找到、环境优雅的酒店。

（三）合适的酒菜

宴会的酒菜应以客方，尤其是主宾的喜好口味为准，要注意避开对方风俗中的禁忌。宴会中安排一些本地的特色菜、特色食品是尽地主之谊的表现。总之，宴会的酒菜应以适合客方，尤其是适合主宾为原则。酒菜确定后，即可印制菜单，一桌三份，或人手一份。

（四）发送请柬

正式宴会邀请宾客，要提前一两周发出请柬，以便客方早作安排。大型宴会的请柬上要注明桌次，并印上联系电话，以便知道对方能否应邀，也便于统计出席人数。国际上习惯于对夫妇合发一份请柬。

第二节　宴会桌次、席次的排法

一、桌次的排法

大、中型宴会因人数多，事先得排出桌次，所用餐桌的大小、形状要基本一致。除主桌可以略大外，其他餐桌都不要过大或过小。

根据国际惯例，桌次地位的高低以距离主桌的远近为准，离主桌越近，地位越高，右高左低。为了确保赴宴者及时、准确地找到自己所在的桌次，可以在请柬上注明对方所在的桌次，在宴会厅入口悬挂宴会桌次排列示意图，安排引位员引导来宾按桌就座，或者在每张餐桌上摆放桌次牌（用阿拉伯数字书写）。

由于宴会厅的形状、大小不同，餐桌也有差别，宴会桌次的排列有多种方法，下面重点介绍两种。

（一）圆桌桌次的排法

1. 两桌排法

（1）两桌横排

见下图：

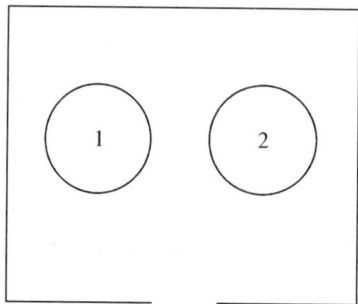

（2）两桌竖排

见下图：

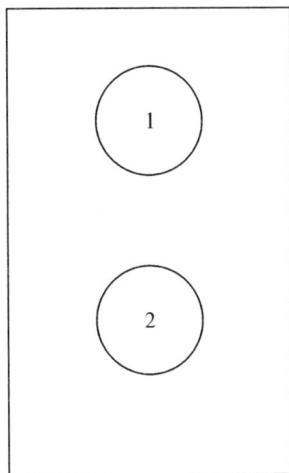

2. 多桌排法

（1）多桌环排

见下图：

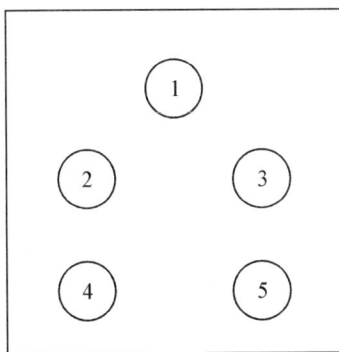

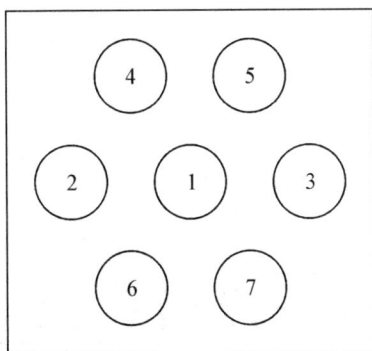

（2）多桌横排

见下图：

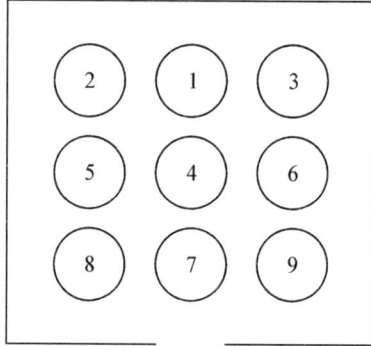

（3）多桌竖排

见下图：

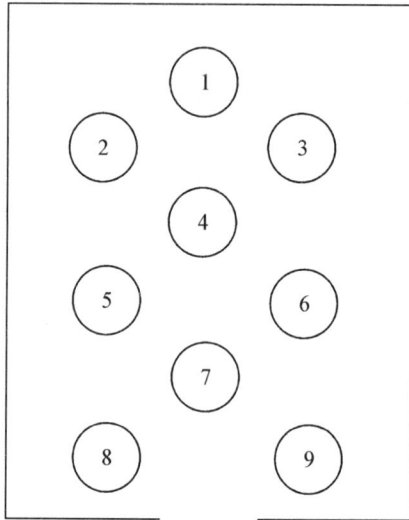

（4）多桌方型排法

见下图：

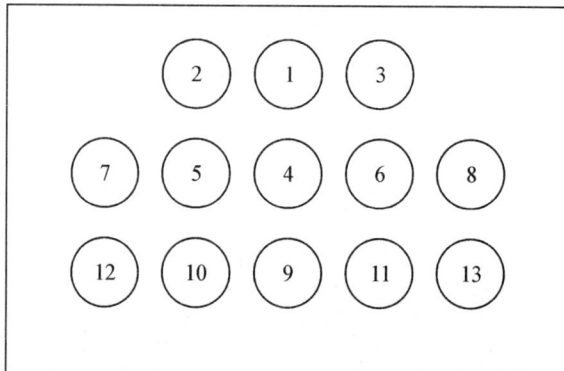

（二）长桌桌次的排法

常见的排法见如下两图：

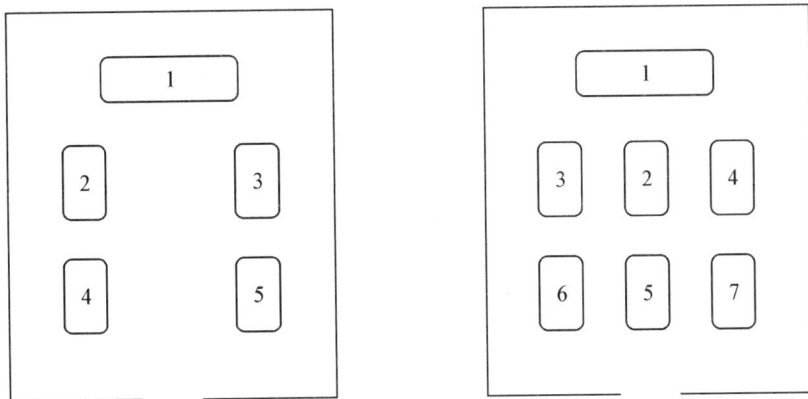

二、席次的排法

宴会上席次地位高低的表示，其原则与桌次类似，即离主人越近，地位越高，右高左低。第一位宾客应位于主人右边，第二位宾客位于主人左边。如果主宾的身份高于主人，为表示尊重，宜将主宾安排在主人位置上，主人则就座于其右边，如有第二主人，则就座于主宾左边。

对于男女宾的席次安排，中西方做法不同。西方奉行女士优先的原则，以女主人为准，主宾在女主人右边，主宾夫人在男主人右边，男女交叉就座于西餐桌旁。我国习惯于按宾客的身份排列席次，且以男主人为准，主宾在男主人右边，主宾夫人在女主人右边，就座于圆桌旁。

席次安排还得考虑一些实际情况，如将身份相当、语言相同、专业相近者安排在一起，便于他们结识交谈，而要避免将相互之间关系紧张、意见有分歧者排在一起。

（一）圆桌席次的排法

1. 只有一位主人

一桌只有一位主人作陪时，其席次的排法见下图：

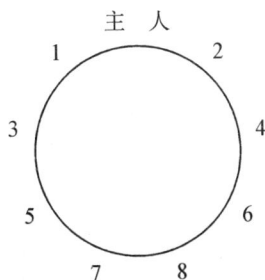

2. 有两位主人

一桌有两位主人作陪时,其席次的常见排法见下图:

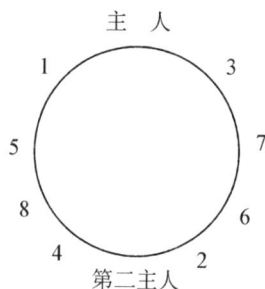

主　人

1　　　　3

5　　　　7

8　　　　6

4　　　　2

第二主人

（二）长桌席次的排法

1. 只有一位主人

一桌只有一位主人作陪时,其席次的排法见下图:

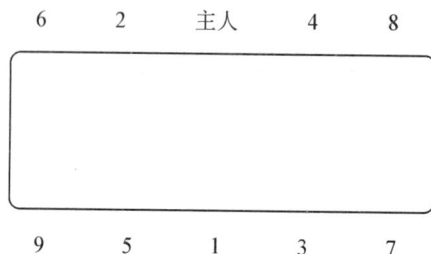

6	2	主人	4	8
9	5	1	3	7

2. 有两位主人

一桌有两位主人作陪时,其席次的常见排法有两种,见如下两图:

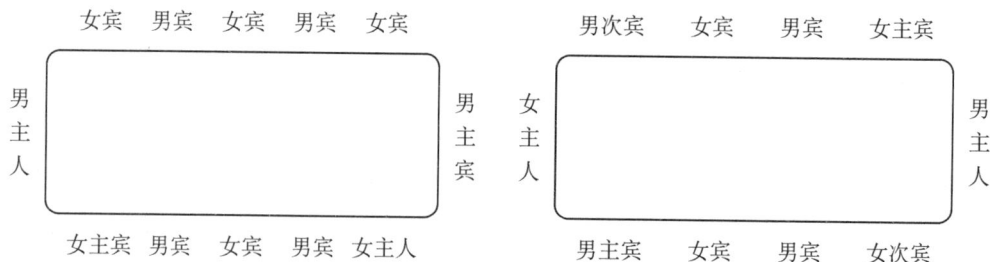

女宾	男宾	女宾	男宾	女宾
男主人					男主宾
女主宾	男宾	女宾	男宾	女主人

男次宾	女宾	男宾	女主宾
女主宾				男主人
男主宾	女宾	男宾	女次宾

第三节　宴会程序和礼仪

正式宴会有一套从迎宾到送客的完整程序,应邀赴宴者也有该注意的礼仪。兹简单介绍如下:

一、宴会程序 ···

正式宴会的程序包括迎宾、入席、致词、敬酒、进餐、结束和送客六个环节。

（一）迎宾

正式宴会时男女主人和少数主要领导要在门口排成一行，迎接宾客。

主宾到来后，由主人陪同进入休息室或直接入座主桌，由其他领导在门口迎接别的宾客。

（二）入席

来宾在主方陪同下进入宴会厅，一一对号入座。如果是规模大、规格高的宴会，可请其他宾客先入席，再由主人陪同主宾最后入席，宴会即开始。

（三）致词

宴会开始，由主人致词，主宾答词。宴会前，秘书要落实讲稿，不但要为上司写好致词，还得事先与对方交换讲稿，以便双方了解对方讲话的内容，相互协调，讲稿一般由主方先提供给客方。如果需要翻译，翻译人选一般也由双方谈妥。

（四）敬酒

致词和答词完毕，就可敬酒，敬酒前要考虑好敬酒的顺序。一般情况下，敬酒的顺序以职位高低、宾主身份、年龄大小为序，主人和主宾先碰杯，接着依次与其他来宾碰杯。如果来宾众多，主人与主宾等几位重要宾客碰杯后，向全场其他来宾举杯示意即可。如难分主次，或不清楚各人职位、身份高低，可按顺序敬酒，可先从身边按顺时针方向开始敬酒，或是从左到右、从右到左敬酒等。

敬酒的举止要求是：干杯前，可以象征性地和对方碰一下酒杯；碰杯的时候，应该让自己的酒杯低于对方的酒杯，表示对对方的尊敬；当离对方比较远时，也可以用酒杯杯底轻碰桌面，表示和对方碰杯。

有人提议干杯后，要手拿酒杯起身站立，将酒杯举到眼睛高度，说完"干杯"后，将酒一饮而尽或根据个人情况适量喝一点。即使滴酒不沾，也要拿起杯子抿一口，以示对主人的尊重。喝完后，还要手拿酒杯与提议者对视一下，这个过程才算结束。

（五）进餐

进餐过程中，凡新上的菜，要放在主宾面前。上全鱼、全鸡时，应将其头部对着主宾，以示尊重。

宴会的气氛应该是热烈活跃、亲切友好的，这需要主人的掌控。主人要不时提起一些大家感兴趣的话题，如时尚、气候、文艺、体育、烹调等，而工作等严肃的话题或庸俗琐碎的话题则不宜谈。

（六）结束和送客

我国的正式宴会，在用了水果后，主人和主宾起立，宴会即告结束。当主宾告辞时，主人须送至门口，原先迎宾的领导再次按顺序排列，与其他宾客一一握别。

二、出席宴会的礼仪

（一）准时赴宴

收到宴会请束后，要当即答复是否赴宴。如赴宴，迟到是失礼的，过早到也不适当，最好在宴会开始前15分钟到达为宜。赴宴时要服饰整洁、精神饱满，这既表示对主人的尊重，也有助于增添宴会热烈欢乐的气氛。

（二）礼貌入座

进入宴会厅后，对号入座。按西方礼仪，男士应帮助旁边的女士和年长者就座，并等全桌所有女士就座后再坐下。

入座时用右手将椅子拉开，从右边入座。入座后将餐巾对折，折口朝外，平铺在双腿上。

（三）文明用餐

宴会开始，在主宾双方致词、答词时，应尽可能面对讲演者用心倾听，以示尊重。

服务员送上的第一道湿香巾，应当用来擦手，不宜用来擦脸抹颈。吃东西时举止要文雅，声音要轻。进餐过程中不宜在席间脱去外套，放松裤带。

每当端上一个新菜时，应先请领导、客人、长者动筷，以示尊重。如果给领导、客人或长者夹菜，要用公筷，也可以把离得远的菜肴送到他们面前。

进餐时，每次夹菜要少一些，离自己远的菜可少吃一些。吃饭及喝汤时尽量不要发出声响。喝汤用汤匙小口喝，不宜把碗端到嘴边喝。餐桌上高谈阔论应避免动作幅度过大，唾沫星子乱飞，以免影响其他人的食欲与健康。

不要光低着头吃饭不管别人，更不能狼吞虎咽地大吃大喝。不要贪杯。

吃到鱼头、鱼刺、骨头等物时，不要往外面吐，也不要往地上扔，要慢慢用手拿到自己的碟子里。在餐桌上不要剔牙。

民间对吃饭用筷有八忌：一忌舔筷；二忌迷筷，拿不定主意，手握筷子在餐桌上乱游寻；三忌移筷，刚吃过一个菜接着又吃另一个菜，中间不停顿，不配饭；四忌粘筷，用粘了饭的筷子去夹菜；五忌插筷，把筷子插在饭菜上；六忌跨菜，在别人夹菜时，跨过去夹另一个菜；七忌掏筷，用筷子在菜中间扒弄着吃；八忌剔筷，用筷子剔牙。这些禁忌大都与卫生、谦让、礼貌有关。

如不小心将汤水溅在邻座身上，应道歉后递上纸巾或香巾，让对方自己擦拭，不宜自己直接去擦拭。

（四）道谢告别

告辞时应向主人致谢。如果有事须先退席,应向主人打招呼后悄悄离去,以免惊动大家,影响气氛。

三、西餐礼仪

如是西餐宴会,秘书就得以西餐礼仪来接待客人。所以,秘书需要掌握西餐礼仪的要点。

在西方国家预约西餐时,除说明人数和时间外,还得表明是否要吸烟区或视野良好的座位。如果是为贵客生日或其他特别日子而宴请,则可以告知宴会的目的和预算,以便餐馆作相应的布置。

（一）西餐席次的排法

在西餐宴会中,主宾极受尊重。即使来宾中有人地位、身份高于主宾,年龄比主宾大,主宾仍是主人关注的中心。在排定席次时,应请男、女主宾分别紧靠着女主人和男主人就座,以便进一步受到照顾。

在排定席次时,以右为尊,距离主位越近的位子,地位越高。

正式的西餐宴会一向被视为交际场合,要交叉排列席次:男女交叉排列,生人与熟人交叉排列。因此,用餐者的对面和两侧,往往是异性,而且还有可能相互不熟悉。这样做最大的好处,是可以广交朋友。

西餐席次的常见排法有如下几种:

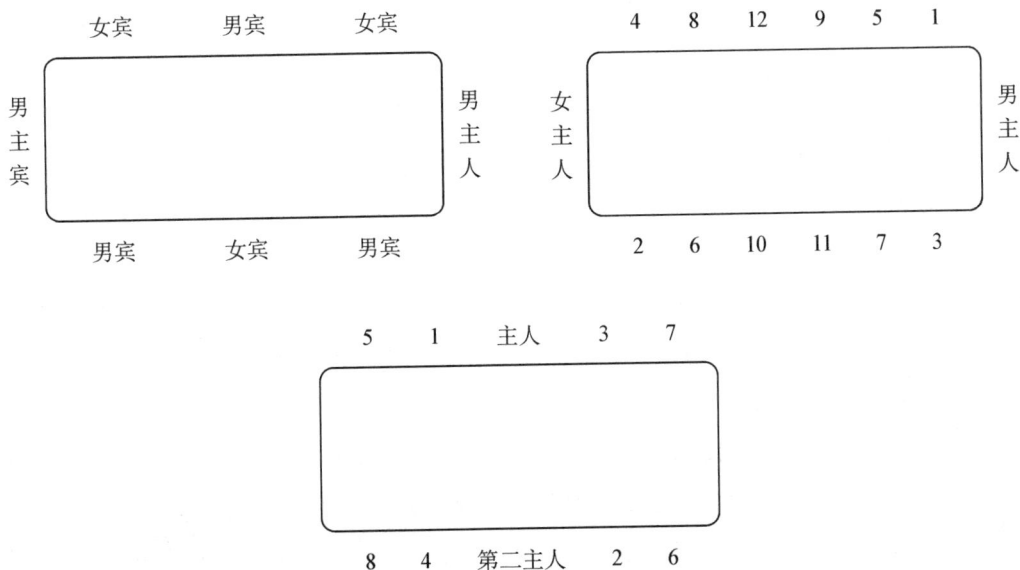

席次排妥后,秘书应制作席次卡,放置妥当,以便来宾对号入座。

(二)西餐赴宴礼仪

赴宴者在预定时间到达是基本的礼貌,如有急事不能赴宴,一定要通过电话诚恳道歉。

赴西餐宴会,男士要穿着整洁,女士要穿晚礼服或套装和有跟的鞋子。女士化妆要稍重,因为餐厅内的光线较暗。如果指定穿正式服装的话,男士必须打领带。按照女士优先的风俗,进入餐厅时,男士应先开门,请女士进入,入座、点酒都应请女士来决定。

西餐上菜的顺序是:开胃菜——汤——副菜——主菜——蔬菜类菜肴——甜品——咖啡。

吃西餐很讲究情调,除了适当的环境,还要求主客都有优雅的举止。就座时,身体要端正,不可跷足;不要随意摆弄餐桌上的餐具;不要急于打开餐巾,因为第一个打开餐巾的人应该是女主人,她的这个动作宣布宴会正式开始,此后,可将餐巾往内对折后铺在腿上;餐巾是用来擦嘴的,不要用它擦脸或擦餐具;用餐过程中,在饮用酒水之前,需要先用餐巾擦拭嘴边的油迹;需要中途离席时,应该把餐巾放在椅子上,表示用餐未完毕,还会回来继续用餐。

西餐对于每种酒应如何饮用有相关规定,如:食用生蚝或其他贝类时,饮无甜味之白葡萄酒;吃鱼时,可配任何白葡萄酒,但以不过甜者为宜。

在吃水果时,常上洗手钵,所盛的水中常撒花瓣一枚。切记只可洗手指尖,不能将整个手伸进去。因此,刚吃完水果,不宜用餐巾擦手,应先洗手指尖,再用纸巾擦干。

西餐是使用刀叉进食。使用时,从外侧往内侧取用刀叉,左手持叉,右手拿刀;切东西时,左手拿叉按住食物,右手执刀将其锯切成小块,然后用叉子送入口中;使用刀时,刀刃不可向外;进餐中放下刀叉时,应摆成"八"字形,分别放在餐盘边上,刀刃朝向自身,表示还要继续吃;每吃完一道菜,将刀叉并拢放在盘中;如果在谈话,可以拿着刀叉,无需放下;不用刀时,也可以用右手持叉,但若需要做手势时,就应放下刀叉,千万不可手执刀叉在空中挥舞摇晃;不可一手拿刀或叉,而另一只手拿餐巾擦嘴,也不可一手拿酒杯,另一只手拿叉取菜。

在正式场合应用刀叉吃炸鸡或烤鸡。牛排要吃一块,切一块,切时应由外侧向内侧切,一次未切下,再切一次,不能以拉锯子方式切,亦不要拉扯。

面包要撕成小片吃,吃一片,撕一片,不能用口咬,忌用刀子切割;如要涂牛油,并非整片先涂,再撕下来吃,宜先撕下小片,再涂在小片上吃;如果面包是烤热的,可以整片先涂牛油,再撕成小片吃;撕面包时,碎屑应用碟子盛接,勿弄脏餐桌。

用餐完毕,把餐巾从中间拿起,随意放在盘子左边,不必折叠。正如打开餐巾一样,把餐巾放回桌上也由女主人先做,并由女主人起立,率领全体女宾退出宴会厅,表示宴会结束。男宾尾随女宾进入休息室,即上咖啡或茶,坐下叙谈。喝咖啡时,应左手托碟,右手持杯,茶匙是用来搅拌杯中方糖、咖啡的,不能用它来舀咖啡喝。

【思考题】

1. 宴请有哪些形式?

2. 桌次地位的高低以什么为标准? 席次呢?

3. 宴会的程序是怎样的?

4. 出席宴会要注意哪些礼仪?

5. 谈谈西餐礼仪的要点。

参考书目

杨剑宇:《涉外秘书礼仪》,湖北科技出版社,2000年12月。

李荣建、宋和平:《社交礼仪》,武汉大学出版社,2005年10月。

徐觅:《现代商务礼仪教程》,北京邮电大学出版社,2008年8月。

张国斌:《外交官说礼仪》,华文出版社,2009年8月。

雷鸣、吴良勤:《秘书礼仪与形体训练》,北京大学出版社,2010年7月。

白山:《最新企业商务礼仪实用全书》,北京工业大学出版社,2011年1月。

赖红清、周书云:《新编商务礼仪与实训教程》,华中科技大学出版社,2012年6月。

武莉:《现代礼仪实用教程》,对外经济贸易大学出版社,2012年8月。

余平:《秘书礼仪》,华中科技大学出版社,2012年9月。

刘金同:《实用社交礼貌礼仪教程》,北京大学出版社,2013年1月。

郑燕:《秘书职业礼仪》,对外经济贸易大学出版社,2013年2月。

后　记

本书适宜于秘书专业和相近专业的本专科学生作教材之用,也可供广大读者作参考书。

最近十几年来,秘书礼仪之类的书出版甚多,但绝大部分为高职高专的教材,其特点是浅显而琐细,不适宜充作本科学生的教材。如今,秘书学专业已被列入教育部本科专业目录,很需要秘书礼仪课程的本科教材。为此,我们组织任教此课程多年的教师编辑了本书,它既有应用性,又有一定的理论层次,力求上升到本科水准,以满足全国各高校教学的需要。

本书各章编写者为:

第一、二章	张伟芳
第五章	曲　师
第六、七章	吴　美
第三、四、八、九章	杨剑宇

杨剑宇

2013.12.18

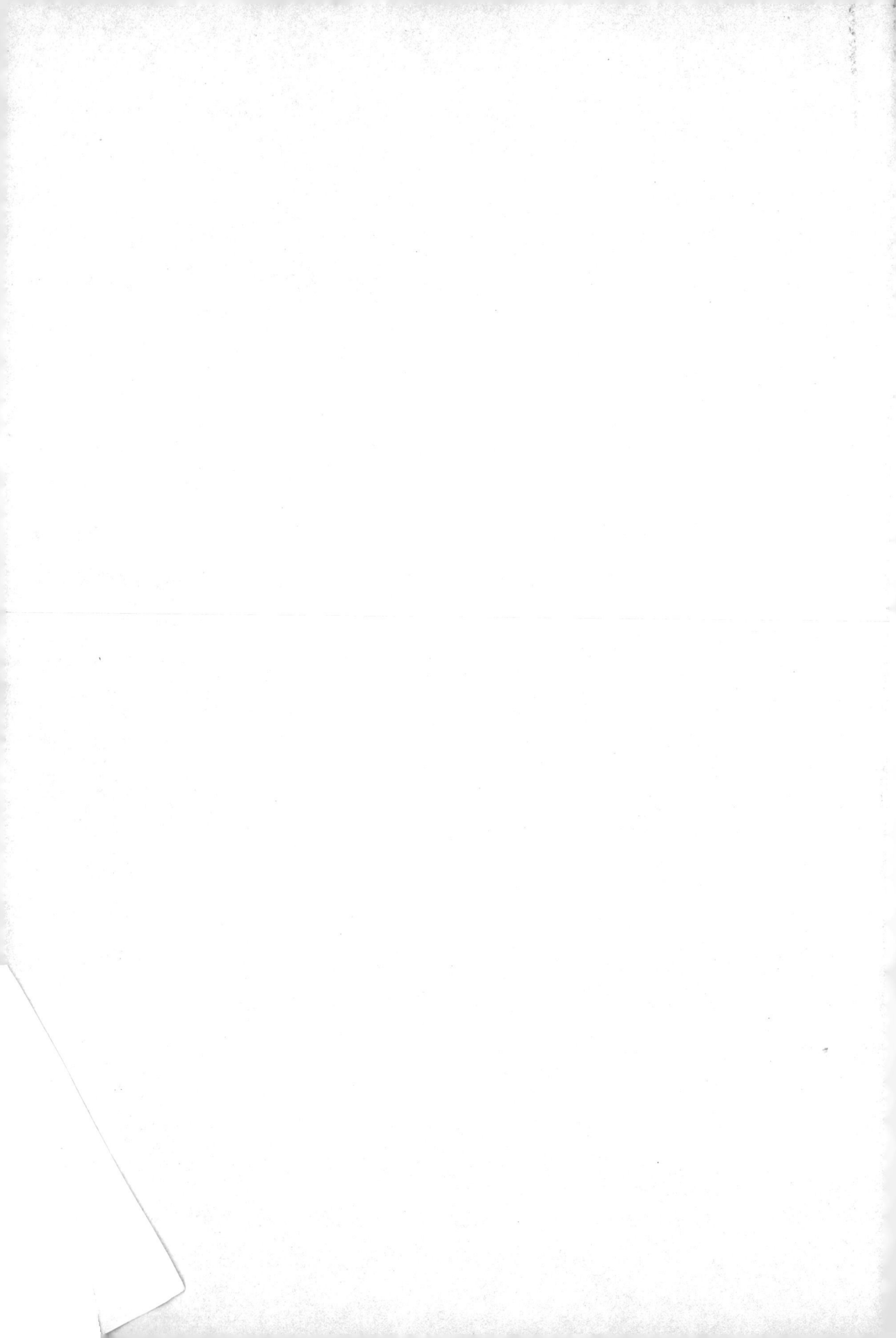